PREPARAÇÃO PARA A ADOÇÃO
O "NASCIMENTO" DO FILHO NA FAMÍLIA ADOTIVA

Editora Appris Ltda.
1.ª Edição - Copyright© 2024 da autora
Direitos de Edição Reservados à Editora Appris Ltda.

Nenhuma parte desta obra poderá ser utilizada indevidamente, sem estar de acordo com a Lei nº 9.610/98. Se incorreções forem encontradas, serão de exclusiva responsabilidade de seus organizadores. Foi realizado o Depósito Legal na Fundação Biblioteca Nacional, de acordo com as Leis nos 10.994, de 14/12/2004, e 12.192, de 14/01/2010.

Catalogação na Fonte
Elaborado por: Josefina A. S. Guedes
Bibliotecária CRB 9/870

M543p
2024
	Menezes, Karla Luna de
	    Preparação para a adoção: o "nascimento" do filho na família adotiva / Karla Luna de Menezes. – 1. ed. – Curitiba: Appris, 2024.
	    147 p. ; 23 cm. – (Multidisciplinaridade em saúde e humanidades).
	
	    Inclui referências.
	    ISBN 978-65-250-5992-1
	
	    1. Adoção. 2. Pais adotivos. 3. Crianças adotadas. I. Título. II. Série.
	
	                                                                    CDD – 362.734

Livro de acordo com a normalização técnica da ABNT

Appris
editora

Editora e Livraria Appris Ltda.
Av. Manoel Ribas, 2265 – Mercês
Curitiba/PR – CEP: 80810-002
Tel. (41) 3156 - 4731
www.editoraappris.com.br

Printed in Brazil
Impresso no Brasil

Karla Luna de Menezes

PREPARAÇÃO PARA A ADOÇÃO
O "NASCIMENTO" DO FILHO NA FAMÍLIA ADOTIVA

FICHA TÉCNICA

EDITORIAL	Augusto V. de A. Coelho
	Sara C. de Andrade Coelho
COMITÊ EDITORIAL	Marli Caetano
	Andréa Barbosa Gouveia - UFPR
	Edmeire C. Pereira - UFPR
	Iraneide da Silva - UFC
	Jacques de Lima Ferreira - UP
SUPERVISOR DA PRODUÇÃO	Renata Cristina Lopes Miccelli
ASSESSORIA EDITORIAL	Letícia Gonçalves Campos
REVISÃO	Júlia de Oliveira Rocha
	Josiana Araújo Akamine
PRODUÇÃO EDITORIAL	William Rodrigues
DIAGRAMAÇÃO	Renata Cristina Lopes Miccelli
CAPA	João Vitor Oliveira dos Anjos
REVISÃO DE PROVA	Raquel Fuchs

COMITÊ CIENTÍFICO DA COLEÇÃO MULTIDISCIPLINARIDADES EM SAÚDE E HUMANIDADES

DIREÇÃO CIENTÍFICA	Dr.ª Márcia Gonçalves (Unitau)
CONSULTORES	Lilian Dias Bernardo (IFRJ)
	Taiuani Marquine Raymundo (UFPR)
	Tatiana Barcelos Pontes (UNB)
	Janaína Doria Líbano Soares (IFRJ)
	Rubens Reimao (USP)
	Edson Marques (Unioeste)
	Maria Cristina Marcucci Ribeiro (Unian-SP)
	Maria Helena Zamora (PUC-Rio)
	Aidecivaldo Fernandes de Jesus (FEPI)
	Zaida Aurora Geraldes (Famerp)

AGRADECIMENTOS

Ao Sergio, pelo cuidado e parceria ao longo dos 25 anos de caminhada.

Ao Breno e à Amanda pelo amor, zelo e paciência e por terem me adotado como mãe.

PREFÁCIO

Na primeira parte da Introdução do seu livro, a autora chama atenção para a vivência de uma experiência que teria sido, senão decisiva, mas particularmente importante para a escolha da temática dos seus estudos: a assistência psicológica "de uma mulher que deu à luz ao seu terceiro filho e decidiu deixá-lo na maternidade, posteriormente doando-o para adoção". Questões relacionadas à decisão de "doar um filho para adoção" foram então tomadas como o "o marco inicial da história da adoção", e, consequentemente, tratadas como o ponto de partida da pesquisa que deu origem a essa interessantíssima e valiosa publicação.

Diferentemente das leis brasileiras, a legislação francesa sobre a família e a assistência social oferece a toda mulher o direito de dar à luz sem revelar sua identidade, com o fim de assegurar o segredo do nascimento. Nestas condições, o dar à luz anonimamente assegura que nos registros da criança não apareça o sobrenome da família, mas apenas a observação "nascido sob identidade X". A mãe (ou os pais) têm o prazo de três meses para se retratar, findo o qual a criança torna-se pupila do Estado francês e, portanto, passível de adoção.

Foi o que aconteceu com Olivier: sua mãe deixou a maternidade vinte e quatro horas depois do parto porque "não podia suportar o choro dos bebês", mas sem deixar de expressar, para a assistente social, seus desejos precisos acerca da futura família adotiva do filho. Por outro lado, telefonava diariamente buscando notícias dele. Esses cuidados fizeram a equipe de cuidadores da criança (na creche) acreditar que a mãe buscaria o filho antes de findo o prazo legal para a retratação.

Passadas as primeiras cinco semanas do nascimento de Olivier que, até então, passava bem, seu estado físico deteriorou-se bruscamente: no rosto e no couro cabeludo apareceram descamações e crostas e uma forte perturbação tornava sua respiração difícil e ruidosa. Como a administração das recomendações médicas não surtiu efeitos, a criança foi encaminhada a um psicanalista.

À história de Olivier, relatada por sua maternante e na presença dele, é adicionada a seguinte narrativa: na creche, todos pensavam (esperavam?) que a mãe da criança desistisse de sua decisão. Pensavam, mas ninguém dizia. Até que um dia, numa dada reunião, ao falarem sobre essa expectativa (desejo) os cuidadores perceberam que estavam equivocados. A maternante de Olivier dá-se conta então de que foi logo após essa reunião que a criança adoeceu.

Durante o relato, Olivier olhava a psicanalista e chorava. Ao final da narrativa, o choro cessa e ela se dirige a ele dizendo: "Sua mãe é boa e corajosa. Sabe que não pode criá-lo como gostaria; por isso tomou a decisão que julga ser boa para você: ser educado por outra família, sua família adotiva. As pessoas que cuidam de você esperavam, sem que você soubesse, que sua mãe mudasse de ideia, e talvez por isso você esperasse a mesma coisa. Hoje elas sabem que sua mãe é uma pessoa de bem: ela diz a verdade. Para o seu próprio bem, quer vê-lo criado por uma família que você próprio vai adotar. Ela prefere que essa família não tenha a mesma cor de sua pele, que é negra. Não sabemos se será assim. Mas você não precisa mudar de pele. Será sempre filho do homem e da mulher que o conceberam, seus pais verdadeiros permanecerão em você. Até a próxima semana".

O tratamento de Olivier promoveu o desaparecimento dos sintomas corporais e do seu sofrimento psíquico. Nas suas treze semanas de vida, uma família adotiva já estava selecionada e um primeiro encontro estava previsto para os dias seguintes.

Em sua escuta, a psicanalista entende que os preconceitos sobre o que deve ser uma boa mãe – ela não abandona seu filho – impedem a equipe da creche de sustentar o discurso materno que transmitia o desejo de que a criança fosse adotada por uma outra família e os motivos alegados para a tomada dessa decisão. Por outro lado, na leitura que faz das manifestações clínicas apresentadas pelo bebê, a psicanalista entende que é importante nomear o sofrimento causado pela ruptura mãe-criança.

Nas palavras destinadas diretamente a Olivier, que a olha enquanto ela lhe fala, a psicanalista não censura a decisão da mãe – não se conhece nenhum dado concreto revelador de um projeto de morte para a criança –, mas procura significar o desejo materno acerca do futuro do bebê, isto é, o projeto de vida para seu filho. Reordenando sua história, a psicanalista procura corrigir a falha no processo de simbolização, expressa em Olivier através dos sintomas.

Não está prevista na legislação francesa que trata do nascimento sob anonimato a oferta de uma atenção, por um profissional de psicologia ou de psicanálise, para as mães que chegam à maternidade com a intenção de, voluntariamente, deixar seu bebê aos cuidados da assistência pública para adoção. De fato, para aquém dos motivos conscientes revelados por uma mãe a respeito do destino do seu bebê, compreendidos num plano de adoção mais ou menos elaborado, pode-se vislumbrar motivos determinantes de ordem inconsciente. Por outro lado, nunca é sem efeitos para uma mãe a decisão de não ficar com seu filho, ainda que um real seja apontado como causa.

O livro de Karla Luna de Menezes, *Preparação para a adoção: o "nascimento" do filho na família adotiva*, vem justamente trazer à tona a importância da assistência psicológica a todos os atores do processo adotivo: aos adotantes e adotados, mas também às mães doadoras. O reconhecimento dessa necessidade, como bem destaca a autora, foi realizada pela nova Lei da Adoção Brasileira, n.º 12.010, de 03.08.2009, que em seu Artigo 8º estabelece: parágrafo 4º - "Incube ao poder público proporcionar assistência psicológica à gestante e à mãe, no período pré e pós-natal, inclusive como forma de prevenir ou minorar as consequências do estado puerperal"; parágrafo 5º - "A assistência referida [...] deverá ser também prestada a gestantes ou mães que manifestem interesse em entregar seus filhos para adoção".

A nova Lei, ao dispor sobre o aperfeiçoamento da sistemática prevista para garantia do direito à convivência familiar a todas as crianças e adolescentes, destaca dois pontos essenciais: (1) a assistência psicológica deve ser iniciada no período pré-natal; (2) à gestante ou à mãe que revele interesse em doar a criança está igualmente garantido o direito à assistência psicológica. Como se pode observar, a lei está inspirada nos conhecimentos transmitidos pelos estudiosos a respeito da complexidade dos períodos gestacional, natal e pós-natal, caracterizados pela ambivalência e conflitos, pela angústia, pelas incertezas, pelos diagnósticos inesperados etc. O atravessamento do estado gestacional, do parto e dos primeiros tempos após o nascimento geralmente constituem para a mulher experiências extraordinárias e inesquecíveis, sobretudo quando marcadas por grandes sofrimentos e importantes decisões. Os postulantes à adoção são igualmente atravessados por temores e fantasmas.

No livro *Preparação para a adoção*, Karla Luna de Menezes mostra o passo a passo do processo adotivo, desde a preparação dos pretendentes e da criança para a adoção até a entrega do filho adotado à nova família. Segue-se o acompanhamento da convivência familiar, visando assegurar a formação do vínculo entre adotantes e adotado e evitar o fracasso do projeto de adoção e consequente devolução da criança.

A dinâmica própria às adoções destacada no livro mostra peculiaridades da história pregressa e singular do doador, do adotante e do adotado, bem assim as formações imaginárias que podem oferecer entraves à reordenação familiar exigida pela inserção de um novo membro (filho).

A segunda parte do título da obra, "o 'nascimento' do filho na família adotiva", sugere que o ato de adoção implica o reconhecimento de uma filiação, sem a qual o ato de adoção não se constitui. O produto do ato será o "nascimento" de um filho e, correlativamente, o nascimento de um pai e de uma mãe (ou de um deles). Aliás, o reconhecimento mútuo desses lugares está garantido pela Lei nº 12.010/2009, conforme preconizam o Art. 41 ("A adoção atribui a condição de filho ao adotado [...]" e o parágrafo primeiro do Art. 47 (A inscrição no registro civil da sentença judicial relativa ao vínculo da adoção consignará os nomes dos adotantes como pais).

Com base nas disposições da mesma Lei, a autora analisa in loco a prática de preparação dos pretendentes à adoção e da criança institucionalizada que potencialmente ingressará na família adotiva. Acompanhando o trabalho realizado pelas equipes das Varas da Infância e Juventude de Recife e Olinda (PE), a pesquisadora oferece uma descrição dos fenômenos observados e sua análise. Ao final, apresenta propostas para o aperfeiçoamento das técnicas em uso nos projetos de preparação psicológica e jurídica dos postulantes ao exercício da maternidade e/ou paternidade, sempre remetendo o leitor aos princípios e requisitos da Lei.

Por tudo isso, *Preparação para a adoção: o "nascimento" do filho na família adotiva* constitui uma leitura imprescindível para todos aqueles que, direta ou indiretamente, estão envolvidos com o ato de adoção: a mãe doadora, os adotantes e adotados, as equipes técnicas das Varas da Infância e Adolescência, as Instituições de Acolhimento de crianças à espera de adoção, os educadores, as equipes de saúde, os psicólogos, os psiquiatras, os psicanalistas etc.

Severina Sílvia Ferreira

Psicanalista, membro do IPB e do Ninar, docente da Unifafire

LISTA DE ABREVIATURAS E SIGLAS

Angaad – Associação Nacional dos Grupos de apoio à Adoção
ECA – Estatuto da Criança do Adolescente
CNA– Cadastro Nacional de Adoção
CNCA – Cadastro Nacional de Crianças Acolhidas
CNJ – Conselho Nacional de Justiça
Gaap – Grupo de Apoio à Adoção de Paulista
Gead – Grupo de Estudo e Apoio à adoção
SNA – Sistema Nacional de Adoção e Acolhimento

SUMÁRIO

INTRODUÇÃO 15

1 CONTEXTUALIZANDO A ADOÇÃO 21
1.1 UM OLHAR SOBRE A ADOÇÃO NA HISTÓRIA DA HUMANIDADE 21
1.2 ABANDONO X DOAÇÃO 24
1.3 A ADOÇÃO EXTRAFAMILIAR: DA CONSTRUÇÃO LEGAL À CONSTRUÇÃO SIMBÓLICA 28
1.4 O CONTEXTO ATUAL DA ADOÇÃO 36

2 ADOÇÃO: A CONSTRUÇÃO DE UMA NOVA FAMÍLIA 41
2.1 CONSIDERAÇÕES SOBRE A PARENTALIDADE ADOTIVA 42
2.2 ALGUNS ASPECTOS DA PSICOLOGIA DOS FILHOS ADOTIVOS 46
2.3 O PROCESSO DE FILIAÇÃO NA ADOÇÃO 51

3 OBJETIVOS E PERCURSO DA PESQUISA 57

4 PREPARANDO O "NASCIMENTO" 63
4.1 PREPARANDO O "NASCIMENTO" NOS GRUPOS DE PREPARAÇÃO DE PRETENDENTES À ADOÇÃO 63
   4.1.1 Enquadramento do trabalho de preparação realizado pelas equipes técnicas 64
   4.1.2 Relatos de experiência dos pais adotivos 81
   4.1.3 Questões suscitadas nos pretendentes diante da experiência do encontro de preparação 86
4.2 PREPARANDO O "NASCIMENTO" DA CRIANÇA/ADOLESCENTE NA FAMÍLIA ADOTIVA 91
   4.2.1 Entendimento dos profissionais sobre os processos de preparação 92
      4.2.1.1 Importância dos processos de preparação das crianças/adolescentes e pretendentes 92
      4.2.1.2 Dificuldades e desafios para a preparação da criança/adolescente à adoção 95
   4.2.2 A prática de preparação das crianças para adoção 99
   4.2.3 Aspectos importantes a serem observados no processo de adoção mútua ... 105
   4.2.4 Atuação do judiciário 111
   4.2.5 Intervenções das equipes 116

4.2.5.1 Intervenção frente às demandas dos adotantes..................................116
4.2.5.2 Intervenção frente às demandas dos adotandos................................ 120

5 CONSIDERAÇÕES E CAMINHOS POSSÍVEIS 127

REFERÊNCIAS 137

INTRODUÇÃO

Desde o início da minha atividade profissional me deparei, mesmo que de forma indireta, com o tema da adoção. A busca por um estudo mais sistemático acerca da adoção iniciou-se no ano de 2003, a partir de uma experiência como psicóloga de uma maternidade particular do Recife que me proporcionou a valiosa oportunidade de acompanhar uma mulher que deu à luz ao seu terceiro filho e decidiu deixá-lo na maternidade, posteriormente doando-o para adoção. Na escuta a essa mulher, percebi em seu discurso uma impossibilidade para maternar que apresentou grande complexidade. A partir dessa experiência, tive a percepção da importância de se abrir espaço de pesquisa que aborde as questões relacionadas à decisão de doar um filho para adoção, inclusive, por acreditar que o processo de entrega é o marco inicial da história da adoção. Assim, me dediquei ao tema, focando, inicialmente, nas mães doadoras como objeto das pesquisas do curso de especialização e, posteriormente, do mestrado.

Considerando que os filhos adotivos são a resultante da impossibilidade de pais biológicos ficarem com os filhos que geraram, interessou-me estudar, no mestrado, a outra personagem dessa trama: a mãe biológica. Os estudos sobre a mãe biológica que doa seu filho são escassos e têm sido apresentados de modo fragmentado. Menezes e Dias (2011) afirmam que ainda que eles apontem as circunstâncias pelas quais passa a mãe biológica e o que determina a entrega da criança, porém pouco se sabe sobre os fatores psicológicos e menos ainda sobre as repercussões do ato da doação para essa mãe. Dessa forma, meu trabalho de mestrado, intitulado *Discursos de mães doadoras: motivos e sentimentos subjacentes à doação*, realizado na Universidade Católica de Pernambuco, no ano de 2007, visou contribuir para uma reflexão acerca das motivações que levam uma mãe a abrir mão do seu filho; os sentimentos presentes no processo; e as repercussões do ato de doação na mãe biológica.

Nas considerações finais pontuei a importância de alertar os profissionais de saúde para uma necessidade concreta de acolher essa demanda criando alternativas de intervenção, inclusive durante a gestação, no sentido de (re) estabelecer o processo simbólico e histórico que expressa a constituição da identidade dessa mulher enquanto sujeito, para que ela seja capaz de ser agente regulador de sua própria vida, de maneira que tome sua decisão consciente de seu desejo. Entendo que se faz necessário um espaço de acolhimento, no qual as gestantes possam falar de suas angústias relativas à situação de maternidade e às mudanças que ela acarreta, para que se criem outras possibilidades de inserir o bebê na sua vida a partir da apropriação de si. Se for o caso, após se esgotarem todas as possibilidades de manutenção do filho junto à mãe, torna-se necessário ampará-la na decisão de entrega para que essa seja feita da melhor forma, garantindo a integridade e o acolhimento de ambos. Apontei ainda para a importância de novas pesquisas que incluam o genitor da criança doada, assim como os familiares envolvidos na doação, para uma melhor compreensão do contexto e da dinâmica das relações que permeiam os personagens dessa trama.

Dois anos após a realização desse trabalho, a nova Lei da Adoção Brasileira, sancionada em agosto de 2009, representou um avanço, na medida em que tornou obrigatória a assistência psicológica às mães doadoras, aos adotantes e adotados. No parágrafo 4º, a referida lei diz: "Incumbe ao poder público proporcionar assistência psicológica à gestante e à mãe, no período pré e pós-natal, inclusive como forma de prevenir ou minorar as consequências do estado puerperal". A Lei n.º 12.010 (2009) estabelece ainda que "as gestantes ou mães que manifestem interesse em entregar seus filhos para adoção serão obrigatoriamente encaminhadas à Justiça da Infância e da Juventude". Tornou-se passível de pena, no Artigo 258-B, "deixar o médico, o enfermeiro ou o dirigente de estabelecimento de atenção à saúde de gestante de efetuar imediato encaminhamento à autoridade judiciária caso se tenha conhecimento de mãe ou gestante interessada em entregar seu filho para adoção".

No decorrer do meu trabalho no âmbito da clínica psicológica, me deparei com vários casos de adoção que apresentaram conflitos e sofrimentos claramente relacionados à demanda parental, demonstrando uma ruptura entre o simbólico da filiação e o real, e outros, relacionados também às questões intrapsíquicas e adaptativas da criança. Essas questões me impeliram, a cada dia, a me debruçar sobre o tema buscando respostas e instrumentalização teórica e técnica que ampare a construção desses novos vínculos.

Da mesma forma que o interesse em pesquisar as mães doadoras surgiu a partir de uma experiência clínica, intrigou-me um caso de adoção que, a meu ver, iniciou-se de forma violenta e poderia ter terminado de forma trágica. Trata-se do seguinte: um casal já com uma filha biológica adolescente, resolveu se inscrever na fila de espera para adoção em uma capital do Sul do

Brasil onde residia na época. Após algum tempo de espera, o casal, que tinha mudado para o Nordeste, em função do trabalho do pretendente, foi contatado, pois tinha surgido "uma determinada criança para determinados pais". A futura mãe adotiva foi sozinha ao sul do país devido à impossibilidade de o marido se ausentar do trabalho. Ao chegar ao Juizado para pegar a criança, se deparou, ainda na calçada, com a técnica, que lhe entregou um menino de três anos dizendo "aqui está seu filho". Essa mãe, atordoada, voltou para o Recife com a criança, aos prantos, durante toda a viagem, gritando que queria "sua casa", ou seja, a instituição. A adaptação dessa nova família foi muito difícil. Inicialmente, a criança apresentou agressividade dirigida aos integrantes da família, intolerância à frustração, oposicionismo e ausência de limites. Os pais adotivos, desiludidos, cogitaram a devolução, que não se concretizou porque todos foram atendidos em psicoterapia.

Essa descrição de caso de adoção de uma criança maior revela a necessidade de se aprofundar o tema da preparação dos pretendentes e da criança para o ingresso na nova família, pois, como observo no relato, o processo de vínculo de filiação começou em desvantagem decorrente do manejo inadequado antes da adoção de fato.

A adoção tem-se configurado um amplo campo de observação e reflexão. Esforços têm sido empreendidos para difundir uma nova cultura da adoção em que se priorizem as necessidades, os interesses e os direitos da criança. Mudanças significativas ocorreram no campo jurídico com a sanção da Lei Nacional da Adoção, de 3 de agosto de 2009. Os grupos de apoio à adoção, publicações, dissertações e teses, sem dúvida, contribuem para avanços em relação ao tema, porém, a escassez de estudos que procuram compreender o trabalho de preparação, orientação e apoio às crianças nessa importante transição de um ambiente que difere física e socialmente do de origem, me impulsionou a buscar constructos teóricos e metodológicos, por entender tratar-se de uma urgência.

Acredito que a preparação dos pretendentes e da criança, bem como o processo de entrega à família adotiva, são fundamentais para a adaptação dessa nova família. Quando esse processo falha, ele compromete o processo de vínculo de filiação, ocasionando, muitas vezes, o fracasso do projeto da adoção e a devolução da criança após o estágio de convivência.

A relevância da pesquisa que inspirou este livro está em chamar atenção para o caráter de urgência e complexidade desse tema, uma vez que a Lei Federal da Adoção n.º 12.010 (2009) determina que

> [...] a colocação da criança ou adolescente em família substituta será precedida de sua preparação gradativa e acompanhamento posterior, realizados pela equipe interprofissional a serviço da Justiça da Infância e da Juventude, preferencialmente com o apoio dos técnicos responsáveis pela execução da política municipal de garantia do direito à convivência familiar.

Embora exista o direito previsto em lei, na prática, não há garantia de uma preparação adequada, talvez pela ausência de uma abordagem teórica e metodológica sistematizada. Face a esse cenário, esta obra é um desdobramento de uma pesquisa que buscou responder à questão: existe preparação gradativa da criança para colocação em família adotiva e dos pretendentes à adoção, como preconiza a Lei n.º 12.010 de 2009?

Nesse contexto, o propósito deste livro é compartilhar dados e reflexões sobre um estudo que teve como objetivo geral analisar como acontece a prática de preparação dos pretendentes e da criança institucionalizada para o ingresso na família adotiva, nas cidades de Recife e Olinda, e propor subsídios para se pensar formas de intervenção na preparação dos pretendentes e da criança institucionalizada para adoção, considerando suas demandas e particularidades. Defendo a proposição de que uma preparação cuidadosa, tanto dos pretendentes quanto da criança, para a formação da nova família, facilita o vínculo de filiação e minimiza os riscos de fracasso do projeto adotivo.

Julgo pertinente definir alguns termos utilizados ao longo deste trabalho para melhor compreensão da proposta. Entendo "preparação" como a mediação técnica no período transicional em que ambas as partes, postulantes e adotando, tenham oportunidade de elaborar gradativamente expectativas e frustrações. Conceituo o "estágio de convivência" tal qual estabelece a "nova" lei da adoção. É o período obrigatório de convivência entre pretendentes e adotando, pelo prazo que a autoridade judiciária fixar, com a finalidade de avaliar a conveniência da constituição do vínculo.

Considero "fracasso do projeto de adoção" os casos de desistência da criança, após o referido estágio, uma vez que o processo se iniciou, houve uma tentativa, contudo, ocorreu uma interrupção da adoção visto que, nesses casos, os adotantes desistem de completar o processo antes de a adoção ser legalmente efetivada. Outro fenômeno que também considero fracasso do projeto de adoção são os casos em que os pais adotivos "devolvem" a criança à instituição após a adoção jurídica ter sido efetivada e legalizada. Nesses casos há um "rompimento" ou "dissolução" da proposta adotiva, caracterizando um novo abandono da criança.

A presente obra consta de cinco capítulos. No primeiro, denominado "Contextualizando a Adoção", trato o tema da adoção, abordando aspectos históricos e sociais, desde as mudanças na legislação, aos seus impactos sociais.

O segundo capítulo: "Adoção: a Construção de uma Nova Família" trata dos aspectos subjetivos acerca das circunstâncias da adoção. Quando uma criança ou adolescente sai de uma instituição pela via da adoção, está em construção uma nova família. Acontece que essa maneira incomum de filiação apresenta peculiaridades, uma vez que os laços de sangue precisam ser substituídos pelos laços de afeto. Daí o acréscimo de complexidade ao processo. Existe na adoção uma dinâmica própria, peculiaridades a serem consideradas e, em alguns casos, uma história pregressa a ser elaborada, no que se refere ao adotado bem como aos adotantes.

O terceiro capítulo: "Objetivos e Percurso de pesquisa" tem o primeiro tópico explicitando os "Objetivos" geral e específicos da pesquisa que fundamentou este livro. No segundo tópico descrevo o "Percurso de pesquisa" utilizado, partindo do princípio de que se trata de uma pesquisa de natureza qualitativa, visto que, de acordo com Minayo (2000), a abordagem qualitativa favorece a compreensão dos fenômenos sociais a partir do ponto de vista dos sujeitos envolvidos e implicados na situação em estudo. São apresentados os desdobramentos do método, quais sejam: participantes, instrumentos, procedimentos de coleta e tratamento das informações.

O quarto capítulo, "Preparando o "nascimento", discuto respectivamente, as questões observadas na preparação dos pretendentes e as questões observadas na preparação da criança/adolescente para o ingresso na nova família.

Encerrando, a seção "Considerações e caminhos possíveis" na qual realizo uma síntese dos principais elementos constantes no corpus da pesquisa que subsidiou esta obra, unindo ideias, fazendo contrapontos e fechando as questões apresentadas na introdução do trabalho. Explicito minha posição diante do tema, emito sugestões sobre novas possibilidades de pesquisa, bem como reconheço os limites desta e teço recomendações de como lidar com o problema provocador deste constructo.

1 CONTEXTUALIZANDO A ADOÇÃO

A adoção tem-se configurado um campo profuso de observação e reflexão da evolução e organização do processo de civilização. Praticada desde a Antiguidade, o significado da adoção vem sofrendo transformações no tempo histórico, acompanhando as alterações do conceito de família e sua institucionalização, que vem sendo objeto de diferentes debates. A discussão atual acerca do tema da adoção não tem como negligenciar seu aspecto multifacetado, que exige um olhar interdisciplinar uma vez que envolve características essenciais do ser humano como o desejo de procriação e continuidade por meio da experiência de maternidade e paternidade; e, por outro lado, a necessidade vital da criança em receber cuidado, trocas afetivas e simbólicas. Portanto, trata-se de um domínio sensível no qual está implicado o desejo de ter filho e o processo de vinculação que envolve aspectos sociais, jurídicos, subjetivos e afetivos. Neste capítulo abordarei alguns aspectos sócio-históricos e jurídicos da adoção, desde as mudanças na legislação, aos seus impactos sociais.

1.1 UM OLHAR SOBRE A ADOÇÃO NA HISTÓRIA DA HUMANIDADE

A adoção está presente em toda a história, não sendo, portanto, uma prática moderna. Um olhar antropológico sobre a organização da família, da filiação, das gerações e relações pelas quais os indivíduos organizam seu parentesco revela que essa prática apresentou vários significados no decorrer do tempo, desde religiosos até políticos, sendo valorizada, negada ou privilegiada, conforme a visão de mundo e especificidade cultural de determinada época.

A família tanto determina algumas características da sociedade quanto sofre as influências dos padrões vigentes nela. Nessa perspectiva, a forma como a criança adotiva chega a essa nova família e se torna unidade desse sistema é inevitavelmente mediada pelo macrossistema social e pelos outros microssistemas com os quais a família está em interação recíproca. Enquanto sistema aberto com regras de comportamento e funções dinâmicas em constante interação com o exterior, as relações intra e interfamiliares são realizadas em uma interação dialética com o conjunto das relações sociais.

Nessa dialética, a família afeta e é afetada pelas normas e valores sociais por meio de um equilíbrio dinâmico. Assim, a família está contida na sociedade e a sociedade está contida na família.

Andrei (2001) observa que, em várias épocas e civilizações, a prática da adoção foi a norma. Na mais antiga e duradoura civilização humana, o Antigo Egito, a escolha do Faraó era feita mediante um processo de adoção. Os mais promissores alunos das Escolas da Vida eram adotados pela Casa Real e treinados até que um deles se revelasse o melhor e, posteriormente, era consagrado Faraó. Na Grécia Antiga e na Macedônia a adoção dos filhos dos nobres pela casa reinante era comum e vista como uma honra.

Os romanos, por sua vez, davam grande importância ao parentesco e a família estava sob o poder incontestie do *pater familias*[1], sendo esse pertencimento independente da descendência biológica. Nessa sociedade, da qual herdamos as bases de visão de mundo, a família era uma construção social e política, sendo a adoção, inclusive de adultos, um meio comum para fortalecer alianças e criar linhas hereditárias mais convenientes. Os Celtas também tinham a adoção como prática, seguindo um costume conhecido como *fosterage*[2].

Na Idade Média, a forma e a legitimidade da filiação foram temas de discussão entre os juristas, entretanto, não foi bem-vista pela Igreja Católica, que temia a regularização dos filhos adulterinos. Uma análise histórica de Ariès (1981) nos revela que, ao longo da Idade Média, as relações entre os casais e os descendentes foram dirigidas pelo interesse econômico e de propriedade. A indivisão dos bens dos cônjuges que quase sempre era estendida aos filhos, somente entrou em declínio no final do século XIII quando o direito à progenitura se difundiu nas famílias nobres. O autor pontua que antes do século XV o sentimento de família era desconhecido. O sentimento de linhagem era o único sentido como caráter familiar e estendia-se aos laços de sangue, sem levar em conta os valores nascidos da coabitação e da intimidade.

A substituição da indivisão e da comunhão dos bens do casal pelo direito de progenitura parece ter sido fundamental para as transformações nas relações de descendências subsequentes em que se atribuiu importância à autoridade paterna. A partir do século XV assiste-se ao desenvolvimento

---

[1] Era o mais elevado estatuto familiar na Roma Antiga. Sempre exercido por um homem que detinha o "poder da vida e da morte" sobre os seus filhos, sua esposa (em alguns casos), e os seus escravos.

[2] A prática de uma família criar uma criança com quem não tem consanguinidade.

da família moderna. Por um lado, enfraqueciam-se os laços da linhagem; por outro, aumentava-se a autoridade paterna em que mulher e filhos se submetiam mais estritamente. Fica claro assim que se atribui à família o valor que antes se atribuía à linhagem. "Ela torna-se célula social, a base dos Estados, o fundamento do poder monárquico" (ARIÈS, 1981, p. 146).

Caindo em desuso na Idade Média, por influência dos princípios religiosos vigentes à época, a adoção não rompia os vínculos de parentesco do adotivo com a família natural. Somente em 1789, com a Revolução Francesa, o Instituto da Adoção readquiriu o seu antigo vigor na Constituição Francesa. Napoleão Bonaparte regulamentou o Instituto no Código Civil Francês de 1804, tomando como base o Direito Romano. O Código Civil Francês, que serviu de modelo aos países da Europa e das Américas, deve ter influenciado também a legislação da adoção (AZAMBUJA, 2003).

Embora o surgimento do sentimento de família seja indissociável do sentimento de infância, vale salientar que nem sempre houve a preocupação com a proteção e o bem-estar da criança, inclusive na história da adoção. Ao contrário, a família estava sob a autoridade do pai, que detinha o direito de vida e morte sobre a prole, realidade que se estendeu até o início da modernidade. Ainda no século XVII, a prática do infanticídio era comumente usada como uma modalidade de planejamento familiar sendo minimizada pelas famílias devido à influência do Cristianismo.

Ariès (1981) descreve o costume difundido de facilitar a morte das crianças consideradas como indesejáveis. Embora a igreja e o estado reprovassem tal atitude, era comum a criança pequena ser colocada para dormir na cama dos pais onde facilmente morria asfixiada. Aos sete anos, as crianças deixavam a casa dos pais e eram enviadas para a casa de outras pessoas onde, além de fazerem os serviços pesados, aprendiam um ofício. Tal prática se estendeu a qualquer classe social e a transmissão do conhecimento era garantida por sua participação em todos os momentos da vida adulta.

Somente depois surgiu um sentimento de infância em que a criança, por sua ingenuidade e graça, tornou-se uma fonte de distração para o adulto. Originalmente, esse sentimento pertencia às mulheres encarregadas de cuidar das crianças — mães ou amas. Tal sentimento, encantador para mães e amas, agora era admitido pelas pessoas. O prazer provocado pelos modos das crianças fez surgir também o sentimento de "paparicação" (ARIÈS, 1981). Desde então, tudo o que se referia às crianças e à família tornou-se um assunto sério e digno de atenção. A criança havia assumido um lugar central dentro da família. A partir daí houve uma profunda transformação na família à medida em que essa modificou suas relações internas com a criança.

Na Idade Moderna, como afirma Weber (1999), uma análise das leis evidencia o preconceito e o valor inigualável dos "laços de sangue", sendo os filhos biológicos privilegiados legalmente em detrimento dos adotivos. No Brasil, apenas com o Estatuto da Criança e do Adolescente (ECA), em 1990, a discriminação legal entre filhos biológicos e filhos adotivos foi extinta, passando a vigorar apenas a adoção plena, irrevogável, que torna a criança filho(a) legítimo(a) dos pais adotivos, com todos os direitos e deveres decorrentes dessa filiação.

Fica claro, então, que a cultura e as normas vigentes em uma sociedade em dada época determinam os valores do processo de filiação bem como as configurações familiares. Como retratam Freire (1981) e Holanda (1989), até meados do século XX, no Brasil, a família era patriarcal e extensa. Abrigavam-se sob o mesmo teto várias gerações e parentes afins, inclusive agregados, consanguíneos ou não. A adoção e o apadrinhamento eram formas recorrentes de (a)filiação.

A família nuclear surge, na sociedade moderna, como uma forma de se adaptar às necessidades da vida urbana e às demandas do mercado de trabalho. Entretanto, sua hegemonia está em xeque dadas as mais diversas configurações de famílias que surgiram frente às demandas sociais. A expressão dessas demandas se revelou processualmente desde a saída da mulher para o mercado de trabalho, à modificação na educação dos filhos, ao aumento de separações e divórcios, às transformações na instituição casamento, e à ideia de igualdade nas relações matrimoniais. Foram surgindo então organizações familiares alternativas como recasamentos, já com filhos da união anterior; casais homossexuais; famílias monoparentais, famílias afetivas, entre outras que apresentam modelos alternativos de convivência.

1.2 ABANDONO X DOAÇÃO

Farei um recorte da passagem Bíblica sobre o nascimento de Moisés para abordar alguns aspectos da adoção. No ano 1593 a.C., aproximadamente, o Faraó baixou um decreto genocida que ordenava a morte de todo recém-nascido do sexo masculino que fosse hebreu. Nessa época, nasceu Moisés, menino "divinamente belo" e filho de hebreus. Foi ocultado pela mãe por três meses, depois foi colocado em uma arca de papiro, entre os juncos à beira do rio Nilo, onde foi encontrado pela filha de Faraó. A princesa, sem saber a origem da criança, contratou uma mulher hebraica para amamentá-lo. Moisés passou a ser amamentado e cuidado pela própria mãe, que, posteriormente, o entregaria à filha do Faraó. Essa o adotou então como seu filho. Como membro da casa do Faraó, ele foi instruído em toda a sabedoria dos egípcios e educado na corte como príncipe do Egito (Êxodo, 2.1-10).

A história do nascimento de Moisés chama atenção para duas questões fundamentais da adoção: a impossibilidade de os pais biológicos ficarem com os filhos e o desejo de filiação dos pais adotivos. Nesse caso, o "abandono" da criança foi o único recurso para garantir-lhe a segurança e a preservação da sua vida. Sua doação foi motivada por um sentimento de proteção como relatado na passagem descrita.

No contexto histórico atual, o termo abandono reflete estigmas não apenas para a mãe como também para a criança. O imaginário social não faz distinção entre abandono e doação. Toda separação entre mãe e filho é moralmente julgada e geralmente acarreta concepções negativas desse ato. Na sociedade contemporânea é muito comum o termo "mãe desnaturada" ser designado às mães que, por abandono ou doação, separam-se do filho. A mulher que, apesar dos nove meses de contato com o filho no ventre, não conseguiu desenvolver qualquer vinculação com ele é considerada contrária à lei da natureza. Nesse contexto histórico, é difícil conceber a ruptura do laço natural e instintivo que liga mãe e filho. Daí a utilização do termo — *des,* prefixo que significa separação, ação contrária, negação; *naturada*, derivação de natureza, natural.

A história de Moisés também remete à necessidade de delinear o que entendo por abandono e doação. Caracterizarei o abandono como define a língua portuguesa: "Deixar, largar, desamparar, desistir de, desprezar, menosprezar" (FERREIRA, 1999, p. 1). Nesse sentido, o abandono se dá sem a preocupação com a segurança e a sobrevivência da criança e pressupõe uma ruptura definitiva do laço entre mãe e filho, o que, geralmente, não acontece sem grandes danos para a criança. Já doação é definida na língua portuguesa como "ato de dar um bem próprio a outra pessoa" (FERREIRA, 1999, p. 263). Nos atos de doação, há uma impossibilidade de a mãe permanecer com o filho, seja ela psíquica, financeira ou social, porém há uma preocupação em preservar a vida da criança, o que implica confiar esse filho a alguém.

Entendo que o abandono e a doação trazem consigo uma história que o sujeito levará durante sua vida. Acredito que o abandono, conforme conceituação anteriormente descrita, ligado à rejeição e ao desamparo, tenha consequências danosas, o que pode não ocorrer na doação. À criança submetida ao abandono foram-lhe negadas a segurança e as condições básicas de sobrevivência, enquanto na doação há uma *(pré)ocupação* da mãe em garantir-lhe um meio de sobrevivência, ao menos física, de cuidados básicos. As mães doadoras, impossibilitadas de assumir seus filhos, oferecem-lhes uma oportunidade de vida. Dolto e Hamad (1998) afirmam que ter permitido a criança nascer já é um ato materno que tem o seu valor. Além disso, possibilita à criança encontrar uma família substituta que a ame e lhe propicie uma vida digna e condições para um desenvolvimento sadio, pois o ser humano não é redutível a seus vínculos biológicos. É na cultura e na linguagem que as relações se tornam estruturantes.

Menezes e Dias (2011) acreditam que a doação de um filho pode ser motivada por rejeição, pressão social ou proteção. No caso de rejeição é comum que dificuldades internas, provenientes de relações primitivas na infância com a própria mãe ou pessoa significativa, impossibilitem essa mulher de maternar seu(s) filho(s). As autoras pontuam que, em algumas mulheres, há uma rejeição da própria condição da maternidade; elas simplesmente não se veem como mães e não desejam ter filhos. Por vezes, pressionadas pela família e pela sociedade, ou, por outro lado, priorizando seu desenvolvimento profissional, acabam por "reconhecer" a inconveniência de filhos em suas vidas.

A doação por proteção pressupõe um ato de amor. A mãe, incapaz de suprir as necessidades básicas de sobrevivência da criança, confia seus cuidados a alguém que julga em condições de fazê-lo. Assim, a doação é acompanhada por um voto de confiança. Em estudo realizado com mães que doaram os filhos, as autoras apontaram entre os motivos implicados na entrega, o sentimento de desamparo, medo e incapacidade de prover e cuidar dos filhos. Constataram ainda que algumas mães biológicas nutrem o sentimento de amor pelos filhos doados.

Estudando sobre maternidade e pobreza, Menezes (2007), por meio de uma perspectiva histórica, constatou reminiscências de uma história não muito distante. O fato de a maioria das mães doadoras serem solteiras, de nível intelectual baixo, desempregadas ou com trabalhos de baixa remuneração e baixa representação social, retrata uma condição de existência social e simbólica que tem, intrínseca, valores enraizados na história da construção da subjetividade da mulher e, especificamente, da mulher pobre.

Uma visão antropológica, por parte de Fonseca (2004), aponta para a natureza aberta da unidade doméstica das famílias de baixa renda ao longo da história da família brasileira, na qual era muito comum a prática de circulação de crianças desde o século XX. Penso que talvez essa prática tenha deixado um registro imaginário de que a doação do filho é uma alternativa viável e legítima nas classes pobres.

Corroborando com a história, a pobreza, ainda hoje, é uma das principais motivações concretas para a doação do filho. Tal ato, na maioria das vezes, consiste em uma forma de proteção. Diniz (1994) defende que dar um filho para a adoção pode ser um ato de lucidez e de amor. Ainda que sofra profundamente, a mãe reconhece que não tem condições de proporcionar ao seu filho o mínimo que ele precisa para se desenvolver de forma satisfatória e o entrega a quem o possa fazer. Nesse sentido, Dolto e Hamad (1998) afirmam, de forma veemente, que o filho doado é amado pelos pais biológicos. O fato de estar vivo é a prova desse amor. Bonnet (1991) propõe, para esses casos, o termo "renúncia à filiação", uma vez que leva em conta a escolha legal e voluntária dessas mulheres em relação à criança. Acredita que a renúncia é um ato de amor, pois as mães são capazes de se identificar com as necessidades da criança e reconhecer seu direito de ser amada. Entretanto, por se sentirem incapazes de atender à essa demanda, elas transferem essa responsabilidade a outras pessoas.

É por esse viés que Schettini Filho (2014a) afirma que a adoção está inscrita em um cenário de impossibilidades. É por não poder maternar ou amparar um ser que foi concebido, gestado e trazido ao mundo e por não poder conceber ou gestar um ser desejado que se tece a biografia do filho adotivo.

O tema da adoção é complexo, com várias nuances, mitos e motivações subjetivas. No que se refere aos pretendentes à adoção, Silva (2012) e Bernat (2012), baseados em suas experiências nas Varas de Infância e Juventude, identificaram como principal motivo para o ato da adoção a infertilidade do casal. Contudo, chamam atenção para a necessidade de análise do discurso manifesto motivador da adoção, pois existe uma experiência subjetiva que é da ordem do desejo. Nesse sentido, Silva (2012) pontua que as delimitações jurídicas voltadas para garantir os direitos e a proteção das crianças são importantes, mas não suficientes, pois as demandas daqueles que querem ser mãe e pai são da ordem do particular e do inconsciente.

1.3 A ADOÇÃO EXTRAFAMILIAR: DA CONSTRUÇÃO LEGAL À CONSTRUÇÃO SIMBÓLICA

A prática da adoção no Brasil sofreu modificações ao longo do tempo, tanto no que se refere ao imaginário social quanto à legislação. Inicialmente relacionada a um ato de caridade cristã, embora sem nenhum interesse genuíno pela criança ou pela filiação, essas crianças eram inseridas na família sem nenhuma formalização do ato, sendo designadas "filhos de criação". A grande influência da Igreja Católica na sociedade brasileira contribuiu para que a evolução legislativa em relação à adoção caminhasse lentamente.

Desde a época colonial, a Igreja Católica se debruçou sobre a causa das crianças órfãs e abandonadas. Na tentativa de evitar o abandono selvagem de infantis, a congregação católica, àquela época, instaurou a Roda dos Expostos, que era um dispositivo implementado pelas Santas Casas de Misericórdia para acolher as crianças "abandonadas" pelas famílias biológicas, como descreve Venâncio (1997). A partir do século XVII, ocorreu uma profunda transformação na família à medida que se modificou a relação com a criança. Estabeleceu-se, desde então, uma associação de três forças afetivas: a religiosidade, o sentimento de infância e o sentimento da família (ARIÈS, 1981).

A atenção ao infante e a proteção dos seus direitos têm atravessado a história da Igreja Cristã tendo a referência do próprio Jesus Cristo como o protetor das crianças. Essa perspectiva coloca para as famílias católicas a guarda e a adoção como oportunidades especiais de se realizar o amor ao próximo e resguardar a vida, contribuindo para a salvação. O valor da adoção foi proclamado com mais veemência pelo Papa João Paulo II, em uma Exortação Apostólica de 1981:

> Os pais cristãos terão assim oportunidade de alargar o seu amor para além dos vínculos da carne e do sangue, alimentando os laços que têm o seu fundamento no espírito e que se desenvolvem no serviço concreto aos filhos de outras famílias, muitas vezes necessitadas até das coisas mais elementares. As famílias cristãs saberão viver uma maior disponibilidade em favor da adoção e do acolhimento de órfãos ou abandonados: enquanto estas crianças, encontrando o calor afetivo de uma

família, podem fazer uma experiência da carinhosa paternidade de Deus, testemunhada pelos pais cristãos, e assim crescer com serenidade e confiança na vida, a família inteira enriquecer-se-á dos valores espirituais de uma mais ampla fraternidade. (FAMILIARIS CONSORTIO, 41).

Um levantamento histórico da legislação sobre adoção permite apontar o Código Civil de 1916 como o primeiro documento legal brasileiro a tratar de forma sistematizada a prática da adoção. Contudo, o documento visava atender unicamente aos interesses do adotante. Esse código previa a dissolução do vínculo de adoção quando fosse conveniente às partes ou em caso de ingratidão do adotado. A relação de adoção não envolvia o direito à sucessão hereditária e os direitos e deveres resultantes do parentesco natural não se extinguiam pela adoção, exceto o pátrio poder, que se transferia do pai natural para o pai adotivo. Dessa forma, mesmo depois de efetivada a adoção, os vínculos com a família natural não cessavam por completo, pois as obrigações do adotando para com a família de origem permaneciam, assim como o direito de receber a herança do pai biológico.

Em 1965, a Lei n.º 4.655 deferiu a legitimação do filho adotivo e estabeleceu a igualdade de direitos e deveres entre legitimado e filho legítimo, salvo no caso de sucessão, se concorresse com filho legítimo superveniente à adoção. Nessa Lei estabeleceu-se a irrevogabilidade da legitimação adotiva e o rompimento da relação de parentesco com a família de origem. Uma vez efetivado, o processo de adoção cessava os direitos e as obrigações provenientes da relação de parentesco do adotado com a família de origem.

O Código de Menores, de 1979, concentrou a finalidade da adoção na proteção integral do menor sem família e introduziu a modalidade de adoção plena, suprimindo a legitimação adotiva da Lei n.º 4.655/65. Entretanto, manteve a modalidade de adoção tradicional regulamentada na qual se estabeleciam claras diferenças entre filhos legítimos e adotados.

A Constituição Federal de 1988 trouxe profundas alterações quando promulgou a absoluta prioridade e proteção integral à criança e ao adolescente. Decretou ainda que a adoção fosse assistida pelo poder público e os filhos, havidos ou não da relação do casamento, ou por adoção, teriam os mesmos direitos e qualificações, proibidas quaisquer designações discriminatórias relativas à filiação. Percebo na nova legislação a inversão de prioridade. Até então privilegiavam-se os interesses dos adultos; com o advento da nova Constituição, o foco de interesse passou ser a criança.

O Estatuto da Criança e do Adolescente, de 1990, revogou o Código de Menores e intensificou a proteção à criança e ao adolescente. Uma importante inovação trazida pelo ECA foi a obrigatoriedade da sentença judicial para a efetivação do processo de adoção, não sendo mais permitida a utilização de escritura pública nos casos em que havia autorização, quando o menor estivesse em situação de abandono e a mãe ou os pais expressassem vontade de entregá-lo a um determinada pessoa ou casal. Estabelece ainda o estágio de convivência acompanhado por uma equipe interprofissional, bem como um período de preparação psicossocial e jurídica dos candidatos orientados pela equipe técnica da Justiça da Infância e da Juventude, visando à garantia da convivência familiar.

Com a entrada em vigor do Código Civil, de 2002, o Poder Público passou a ter efetiva participação no processo da adoção. A Lei n.º 12.010 de 2009, denominada "Lei Nacional da Adoção", alterou o texto do Estatuto da Criança e do Adolescente e revogou quase que a integralidade dos artigos que regulavam a adoção no Código Civil de 2002. A Lei tem como objetivo principal garantir o direito à convivência familiar à criança e ao adolescente, priorizando sua manutenção na família natural. Apenas constatada a impossibilidade de permanência na família natural, a criança e o adolescente serão colocados para adoção ou em família substituta, devendo ser obedecido o cadastro único de crianças e adolescentes em condições de serem adotadas como também o de pessoas que se dispõem a adotá-las.

A Nova Lei de Adoção ampliou a rede legislativa protetiva com maior celeridade e responsabilidade e trouxe mudanças significativas na medida em que valoriza e tutela os vínculos afetivos provenientes da adoção por meio da obrigatoriedade do estágio de convivência e das modificações nos requisitos objetivos, possibilitando maior efetividade e aperfeiçoamento da sistemática legislativa com base no princípio do melhor interesse e no direito à convivência familiar. Percebo então uma mudança de paradigma em que as necessidades da criança estão acima das necessidades dos adotantes.

Embora a Nova Lei da Adoção se esforce para garantir a plenitude da proteção às crianças, o próprio governo brasileiro aponta para uma prática ilegal ainda muito comum no Brasil: a "adoção à brasileira". Esse tipo de adoção consiste em um modo pelo qual a mãe ou a família biológica "dá" a criança para outra pessoa à margem dos trâmites legais. Muitas vezes, o casal adotante registra a criança como se fosse filho biológico. Como ocorre fora de qualquer controle judicial ou institucional, a prática além de encobrir, por vezes, casos de venda ou tráfico de crianças, dá margem a injustiças com famílias mais humildes, que não necessariamente querem doar os filhos, mas podem ser induzidas a isso por pressão social e/ou econômica.

Esforços têm sido empreendidos para difundir uma nova cultura da adoção em que se priorizem as necessidades, os interesses e os direitos da criança. Mudanças significativas ocorreram no campo jurídico com a sanção da Lei Nacional da Adoção n.º 12.010 de 3 de agosto de 2009. A Lei reconhece a importância da preparação da criança e do adolescente para "a colocação em família substituta" amparada pelas equipes técnicas interprofissionais responsáveis pela execução da política municipal de garantia do direito à convivência familiar que devem priorizar o melhor interesse do adotando. Nesse sentido, passa a vigorar uma nova lógica e abre-se espaço para que esse adotando seja também protagonista no processo que lhe diz respeito.

Se a nova proposta da adoção é buscar uma família para uma criança e se considerarmos a adoção como uma via de mão dupla, a criança deve poder adotar aqueles que desejam adotá-la. Nesse sentido, entendo a preparação da criança para adoção tão imprescindível quanto a preparação da família para receber esse filho. Preparar, orientar e amparar novas construções de vínculos familiares nas situações de adoção é proteger e defender os direitos da criança e do adolescente.

Figueiredo (2010) observou que, ao longo da história da adoção, ocorreu uma sobreposição dos desejos e anseios do adotante sobre os do adotado e que a concepção centrada no bem-estar da criança esteve presente de forma periférica. A nova cultura da adoção, ao priorizar a criança, propõe o sentido inverso. Assim, o tema da adoção torna-se cada vez mais complexo, com várias nuances e vários vieses a serem cuidadosamente observados.

O que está em foco hoje é a prevenção e a minimização dos riscos da adoção de forma a assegurar uma filiação e uma parentalidade saudáveis capazes de promover o desenvolvimento e a autonomia do ser humano. Sobre tal aspecto, Queiroz e Passos (2012) apontam a necessidade de se observar os elementos facilitadores e os aspectos que poderão pôr em risco o vínculo de filiação, bem como considerar as condições de cada criança/adolescente a ser adotado.

Bernat (2012) pressupõe que adotar, bem além de um ato jurídico, é um ato de desejo que põe em jogo a falta daquele que requer a adoção, bem como daquele que está por ser adotado. Para que possa haver encontro aí, não sem desencontros, a partir da falta de que cada um é portador, é preciso trabalho. Uma intervenção cuidadosa pode vir a evitar muitos impasses no processo de formação de vínculo.

Winnicott (2005) apontou a possibilidade de se predizer para os pais adotivos quanta dificuldade eles encontrarão e a natureza dos problemas de manejo que terão pela frente, a partir de um estudo da história inicial do bebê.

> Se conhecemos a história inicial do bebê e o grau de perturbação ambiental que deve essencialmente ter complicado os estágios muito iniciais do desenvolvimento emocional da criança, estamos na posição de perceber antecipadamente se os pais adotivos terão de providenciar tratamento em vez de apenas cuidados comuns para a criança. (WINNICOTT, 2005, p. 117).

Entendo que o autor trata, nessa formulação, dos riscos da adoção. A concepção de risco aqui seria pôr em perigo o projeto adotivo quando as partes ou uma delas encontram-se fragilizadas e vulneráveis, ou não apropriada do seu desejo. Para adotar uma criança é preciso lidar com a impossibilidade de completude, do filho ideal. Para acolher uma criança é preciso lidar com o filho real, aquele que está ali encarnado e que não é o filho idealizado. Queiroz e Passos (2012) assinalam os riscos na adoção, tanto do lado das crianças quanto do lado dos pais, quando não se observa sintonia. Digo então, quando os desejos de filiar e de parentalizar não se encontram, inviabilizando um reconhecimento mútuo. As autoras defendem que a prevenção dos riscos pressupõe um olhar clínico e uma postura ética que ponha em questão a relação da ação de adotar com o desejo que a habita. A meu ver, essa prevenção deve se iniciar nos primeiros contatos da equipe com os pretendentes a partir do olhar clínico capaz de detectar as vicissitudes do desejo.

Na atenção à criança, nos casos de adoção de crianças maiores e adolescentes, há questões peculiares a serem abordadas com profundidade. O rompimento dos laços afetivos e a vivência do luto pela família de origem vão exigir da criança um manejo nem um pouco simples. Nos casos de longo período de institucionalização, aquela que já tem relações sociais estabelecidas com o grupo e com a própria instituição (seu lar) terá mais um luto a ser elaborado. Vargas (2001) observou que a criança maior de três anos com frequência sente-se culpada ao achar que ao ter sido escolhida, as outras foram mais uma vez rejeitadas. Tal situação pode pôr em risco a adaptação da criança na nova família.

Na perspectiva de Winnicott (2005), os pais adotivos precisam ajudar ainda mais a criança em suas dificuldades e, a partir de uma provisão ambiental regular e simplificada, gradualmente corrigir o fracasso ambiental inicial que a privou de um bom início do desenvolvimento pessoal. Por esse viés, penso que a construção de um vínculo de filiação saudável está implicada na possibilidade e disponibilidade dos adotantes serem continentes das angústias do adotado. Para o citado autor, mesmo que uma adoção seja "bem-sucedida", sempre haverá o fato de que os pais biológicos são desconhecidos e inatingíveis, e que o relacionamento real com os pais adotivos não pode atingir os níveis extremamente primitivos da sua capacidade de relacionar-se. Em alguns casos, esse se torna um aspecto tão importante que, quando as crianças adotadas crescem, elas se dedicam a pesquisar a questão da sua origem.

Winnicott (2005) defende que existem crianças que já são "perturbadas" no momento da adoção e seu estado posterior é predizível. São crianças que passaram por experiências iniciais de angústia intensa em virtude do desamparo. Bebês que não tiveram um ambiente facilitador, uma adaptação sensível da mãe (função[3]), nem uma sustentação suficientemente boa[4], experimentam fortes angústias no estágio inicial do desenvolvimento em que ainda não existe um ego autônomo. O resultado disso seria um desenvolvimento "deturpado e protelado", e algum grau da agonia que experimentou em estágio primeiro estaria sempre presente ao longo da vida do indivíduo.

Nesses casos, os pais adotivos terão que lidar com os erros de outras pessoas, o que muda completamente sua tarefa. Os pais que vão adotar essa criança precisam não só cuidar dela, como também exagerar todos os cuidados, de modo que ela se sinta seguramente sustentada e acolhida. Entretanto, Winnicott (2005, p. 116) levanta um questionamento que acredito estar na base do processo do vínculo de filiação: "Será que os pais adotivos aceitam facilmente fracassos de outras pessoas e toleram as cargas decorrentes do fracasso ambiental anterior à adoção, pelas quais não conseguem se sentir responsáveis?" É nesse sentido que o autor alerta para a necessidade de ajudar os pais adotivos no manejo dos próprios sentimentos.

---

[3] Função materna consiste nos cuidados humanos conferidos ao bebê que envolvem a satisfação das suas necessidades básicas de alimentação e higiene; proteção, afeto, que facilitam sua adaptação ao mundo.

[4] Mãe suficientemente boa emerge da Preocupação Materna Primária que é a capacidade de adaptação sensível e delicada às necessidades do bebê. A mãe enquanto ambiente suficientemente bom, possibilita ao bebê alcançar, a cada etapa, as satisfações, ansiedades e conflitos inatos e pertinentes (Winnicott, 2000).

Alvarenga (2012), em debate sobre a questão da inadotabilidade, refere resultados de estudos que relacionam tal questão à incapacidade de os pais sentirem aquela criança como seu filho, bem como de algumas crianças serem incapazes de adotar uma nova família. Acredito que adotar psiquicamente é estar disponível ao outro, é ser continente. É abrir os braços para acolher o desconhecido, visto que a criança é um ser humano em construção que se modifica e se descobre a cada dia; cada momento é um vir a ser; é esperar o inesperado. Enfim, é fazer o *holding*[5] daquele ser que se apresenta e exige. Essa adoção psíquica, no entanto, está vinculada ao desejo de tornar-se pai ou mãe. É nesse sentido que Queiroz e Passos (2012) defendem que minimizar os riscos significa escutar as demandas dos pais adotivos de modo particular e singular.

Winnicott (2005, p. 137) aponta para a necessidade de saber o quanto os pais adotivos são capazes de ouvir sobre as dificuldades dos adotandos. "Na prática, nós precisamos saber que tipo de pessoa eles são, para não desencorajá-los com alguma coisa que não pareça muito fácil." O autor já assinala, em obras de 1953 a 1955, a necessidade e a importância de uma preparação para a entrega da criança, para que a adoção tenha maiores chances de ser bem-sucedida.

O autor defende que um trabalho adequado, realizado pelas pessoas certas, permite que complicações sejam previstas e desastres sejam prevenidos. As pessoas certas às quais o autor se refere constituem uma equipe técnica bem treinada que evita as "armadilhas" na adoção e ainda arranja as adoções bem-sucedidas, pois uma adoção fracassada normalmente é desastrosa para a criança. Em outro texto, Winnicott (2005, p. 117) reforça ainda a responsabilidade dos técnicos envolvidos no processo de adoção:

> Quando vocês entregam uma criança para os pais, não se trata apenas de uma distração para eles. Vocês estão alterando toda a vida deles. Se tudo correr bem, eles passarão os próximos vinte e cinco anos solucionando o quebra-cabeça que vocês o

---

[5] Para Winnicott (2007), holding compreende oferecer um suporte adequado para que as condições inatas da criança alcancem um desenvolvimento ótimo. Inclui a maneira como a criança é sustentada na mente da mãe, bem como em seus braços. É o ato de segurar a estrutura física do bebê que resultará em circunstâncias satisfatórias ou desfavoráveis em termos psicológicos. Segurar e manipular bem uma criança facilita os processos de maturação, e segurá-la mal significa uma incessante interrupção desses processos, devido às quebras de adaptação. Abrange todo cuidado materno que possibilita sua integração psicossomática. Desse modo, a mãe funciona como "ego auxiliar", um ego de apoio que facilita a organização do ego do bebê e, se a criança vive a sustentação bem-sucedida, essa experiência se torna uma continuidade existencial. No entanto, suas falhas são traduzidas em uma experiência subjetiva de ameaça que compromete o desenvolvimento normal.

propuseram. É claro, se as coisas não correm bem – e muitas vezes elas correm mal – vocês os estarão envolvendo na difícil tarefa do desapontamento e da tolerância do fracasso.

Corroboro com as ideias do supracitado autor e entendo que a preparação prévia é absolutamente indispensável. Não ao acaso ela está garantida como direito da criança em Lei Federal. Weber (2010), diante de casos em que foram detectados graves equívocos e frustrações no processo de adaptação da criança à família substituta, observou que a preparação das crianças é fundamental. A justificativa para um investimento maior na preparação infantil tem sido respaldada por situações que estão se tornando comuns como a devolução de crianças, após breve ou longo período de convivência com a família adotante, e a tão propalada falta de diálogo com o adotando. A análise da condição psicossocial da criança que estando há anos em uma instituição passa a ter que conviver e se adaptar à vida em uma família substituta, tem provocado a necessidade de se conhecer e trabalhar mais seus medos, seus anseios, sua trajetória e perspectiva de vida.

Para Weber (2010), nesse contexto específico, preparar envolve tanto o compromisso de fornecer informações sobre a criança para os futuros pais adotivos, quanto a disposição para apresentar ao adotante uma descrição fidedigna de características e fatos relativos à sua nova família, por meio de fotos, vídeos, além de esclarecimentos diversos quanto à casa em que irá morar, o convívio com irmãos, dentre outros. Na preparação para a adoção, desmistificar e esclarecer implica cuidado e respeito à vida pregressa da criança e não na sua ocultação e/ou deturpação. Ou seja, a preparação deve evitar separar a criança do seu passado e soterrar a sua identidade por meio da divulgação de informações vagas e dispersas, seja na família de origem ou na instituição onde foi acolhida como medida de proteção social.

Diante da complexidade e delicadeza do processo de adoção e do vínculo de filiação, sou impelida a reconhecer o quanto se faz necessária a intervenção de intermediários para a elaboração dos sentimentos envolvidos. É nesse sentido que Vargas (2001) destaca que, a partir de um trabalho de preparação gradual, com aproximações sucessivas, pode-se chegar a uma adequação da família sonhada com a família possível e desenvolver na criança uma noção do que ela pode encontrar, de alegrias e de dificuldades, nesse processo de inserção social. Tendo o suporte necessário, uma ponte segura, ela estará melhor instrumentalizada para fazer sua travessia da condição de abandono afetivo e institucionalização para o seio de uma família.

1.4 O CONTEXTO ATUAL DA ADOÇÃO

Apesar de todo o esforço que vem sendo empreendido pelos operadores de direito no sentido de desburocratizar o processo de adoção (sem, no entanto, negligenciar a segurança e os cuidados que o procedimento exige) e do trabalho dedicado dos Grupos de Apoio à Adoção, no sentido de amparar o projeto adotivo, assistimos a um descompasso: há mais de 46.000 pretendentes inscritos no Sistema Nacional de Adoção e Acolhimento (SNA) aguardando um filho e mais de 9.000 entre crianças e adolescentes aguardando uma família. Embora o número de pretendentes habilitados seja aproximadamente cinco vezes maior do que o de crianças e adolescentes disponíveis para adoção, o perfil desejado pela maioria dos pretendentes não corresponde ao das crianças e adolescentes que estão em instituições de todo o país.

Atualmente, o perfil mais desejado pelos pretendentes é o sexo feminino, cor branca, menor de quatro anos, sem doenças e sem grupo de irmãos. Acontece que quem aguarda uma família é, na grande maioria, do sexo masculino, de cor parda ou negra, maior de quatro anos e geralmente tem irmãos. Um dado digno de nota é que 53% correspondem a adolescentes disponíveis para adoção (CNA, 2019). Tal realidade impõe um grande desafio aos legisladores, às Varas da Infância e aos profissionais que se dedicam ao projeto adotivo. Entendo que somente a partir de um trabalho integrado é possível repensar estratégias e reformular leis que viabilizem garantir efetivamente o direito de convivência familiar das crianças e adolescentes institucionalizados.

Lançado em 2008, o Cadastro Nacional de Adoção (CNA), coordenado pela Corregedoria do Conselho Nacional de Justiça (CNJ), foi uma ferramenta digital que auxiliou os juízes das Varas da Infância e da Juventude na condução dos procedimentos dos processos de adoção em todo o país. Com o objetivo de colocar sempre a criança como sujeito principal do processo, para que se permitisse a busca de uma família para ela, e não o contrário, esse cadastro integrou dados de todos os órgãos e entidades de acolhimento de crianças/adolescentes abrigados no país. Entre as medidas que corroboraram essa intenção, estiveram a emissão de alertas em caso de demora no cumprimento de prazos processuais que envolvessem essas crianças e a busca de dados aproximados do perfil escolhido pelos pretendentes, ampliando assim as possibilidades de adoção.

Diante da triste realidade, em que crianças maiores e adolescentes crescem dentro de uma instituição de acolhimento sem conseguirem ser adotadas, privadas do seio de uma família, estão ocorrendo mudanças na lei em busca de tornar mais rápidos e eficazes os procedimentos relacionados à destituição de poder familiar e à adoção de crianças e adolescente, tendo em vista os efeitos profundamente nocivos que a morosidade pode acarretar. Além disso, as Varas de Adoção estão assumindo um papel mais ativo, estabelecendo estratégias para colocar crianças "fora do perfil" em famílias adotivas.

Nesse sentido, as alterações na Nova Lei da Adoção, Lei n.º 13.509/2017, estabelecem novos prazos para os trâmites do fluxograma da adoção, que vai desde a destituição do poder familiar à efetivação da adoção legal. Na nova lei "serão cadastrados para adoção recém-nascidos e crianças acolhidas não procuradas por suas famílias no prazo de trinta dias, contando a partir do dia do acolhimento" (Art. 19-A, §10º). Nesse mesmo sentido, a lei ainda estabelece que "a permanência da criança e do adolescente em programa de acolhimento institucional não se prolongará por mais de 18 (dezoito) meses, salvo comprovada necessidade que atenda ao seu superior interesse, devidamente fundamentada pela autoridade judiciária" (Art. 19, § 2º). Fica clara então a necessidade de dar celeridade ao processo uma vez que a realidade nos mostra que cada dia a mais em uma instituição diminui a chance de uma criança ser adotada.

A criação do CNA foi fundamental não só para cruzar os dados dos pretendentes habilitados com os das crianças e adolescentes disponíveis para adoção, mas também para, a partir das estatísticas, se propor modificações e restruturações no processo de adoção, visando atender o melhor interesse da criança e do adolescente. Em consonância com a realidade estatística do CNA, a nova legislação também tratou de assegurar a "prioridade no cadastro a pessoas interessadas em adotar criança ou adolescente com deficiência, com doença crônica ou com necessidades específicas de saúde, além de grupos de irmãos" (Art. 50, § 15º), uma vez que esses perfis de adotandos são preteridos pelos habilitados e com maior probabilidade de permanecerem institucionalizados e privados de vários de seus direitos.

Em agosto de 2019, o Conselho Nacional de Justiça (CNJ) lançou a plataforma do Sistema Nacional de Adoção e Acolhimento (SNA) para substituir o CNA, sob a Resolução n.º 289. Desde o dia 12 de outubro de 2019 os 27 estados brasileiros estão operando com a nova plataforma que possui um inédito sistema de alertas, com o qual os juízes e as corregedorias podem acompanhar todos os prazos referentes às crianças e aos adolescentes acolhidos e em processo de adoção, bem como de pretendentes. O objetivo é dar mais celeridade na resolução dos casos e obter maior controle dos processos. Com a implantação do SNA, que passou a ser obrigatória para os tribunais, os dados de todos os órgãos serão integrados, realizando buscas automáticas de famílias para as crianças em qualquer região do país. O Cadastro Nacional da Adoção (CNA) e o Cadastro Nacional de Crianças Acolhidas (CNCA), ambos do CNJ, deixarão de ser alimentados com novas informações.

O Sistema Nacional de Adoção e Acolhimento (SNA) traz uma visão integral do processo da criança e adolescente desde sua entrada no sistema de proteção até a sua saída, quer seja pela adoção quer seja pela reintegração familiar. Pelo sistema, as Varas de Infância e Juventude terão acesso ao processo, com alertas sobre prazos já vencidos, a vencer ou em trâmite regular. Uma das novas funcionalidades do sistema é o pré-cadastro de pretendentes, que podem inserir seus dados pessoais e o perfil da criança ou adolescente que deseja adotar. Depois, o sistema informa a lista de documentos necessários para iniciar o processo de habilitação à adoção, que devem ser levados à Vara de Infância e Juventude mais próxima de sua residência para iniciar o processo. Os pretendentes também possuem uma área de acesso exclusivo, em que os postulantes com habilitação válida podem verificar seu perfil, sua posição na fila municipal e estadual e realizar alterações em seus meios de contato, como e-mail e telefone.

A regra para adotar prevê a habilitação do pretendente na Vara da Infância e da Juventude da Comarca na qual tem domicílio ou, inexistindo nela Vara Especializada, o cadastramento deve ser requerido na Vara competente para o processo de adoção por meio de um Requerimento de Inscrição fornecido pelo Juizado da Infância, contendo qualificação, dados pessoais e anexos alguns documentos comprobatórios.

Inicialmente, o pedido é levado ao setor de distribuição onde é protocolado para formar o processo que fica automaticamente incluído no sistema de controle processual. Após, a Secretaria da Vara da Infância ou da Vara competente autua o processo e o encaminha ao Juiz para o despacho inicial, abrindo-se vistas ao Ministério Público. Em sequência, os autos irão à equipe interprofissional da Vara para estudo psicossocial. Segue-se a participação do pretendente em programa de preparação nos aspectos jurídicos, sociais e psicológicos da adoção. Concluídas essas fases, o Juiz decidirá sobre os requerimentos do Ministério Público, inclusive sobre eventual necessidade de audiência e, só depois, prolatará sentença. Se favorável, após o trânsito em julgado o postulante será incluído no Sistema Nacional de Adoção e Acolhimento (SNA) e ficará aguardando a convocação para realizar a adoção. Regra geral, a convocação se faz pela ordem de antiguidade da inscrição.

Em Pernambuco, o Conselho da Magistratura regulamentou o §1º do Art. 197 E, definindo os critérios sobre "a melhor solução no interesse do adotando", evitando a simples ordem cronológica, por meio do Provimento n.º 03/2010. A Preparação de Pretendentes prevista em lei é de competência do Juizado da Infância e da Juventude, organizado e realizado pela equipe interprofissional em parceria com os Grupos de Apoio a Adoção.

De acordo com a Instrução Normativa Conjunta de n.º 001/2013 do Tribunal de Justiça de Pernambuco, Corregedoria Geral de Justiça e Coordenadoria da Infância e Juventude, o Programa de Preparação de Pretendentes à adoção tem como requisitos: a) carga horária mínima de 12 h/a em três turnos de 4h, ou dois turnos de 6h, ficando condicionada a emissão do certificado à participação efetiva em, pelo menos, 85% (oitenta e cinco por cento) da carga horária total dos encontros; b) um quantitativo mínimo e máximo de participantes que respeite as especificidades da demanda, estrutura física e disponibilidade de equipes técnica existentes, recomendando-se que nas Comarcas com menos de 8 pretendentes inscritos seja realizado de forma conjunta, por juízes de Comarcas da mesma circunscrição.

O Programa de Capacitação e Preparação dos Pretendentes à Adoção tem como objetivos: 1) preparar psicologicamente os pretendentes, levando-os a refletir sobre a sua motivação para adoção, com ênfase nas necessidades do adotando como também dos temores que possam expressar em torno do processo adotivo; 2) orientar e estimular a adoção inter-racial, de crianças maiores ou de adolescentes, com necessidades específicas de saúde ou com deficiências e de grupos de irmãos; 3) preparar para as questões jurídicas e para contato dos pretendentes com crianças e adolescentes em acolhimento familiar ou institucional, em condições de serem adotados; e 4) estimular a adoção legal.

Quanto à organização do Programa de Capacitação e Preparação dos Pretendentes à Adoção a orientação é que, inicialmente, deve-se definir um cronograma previamente estabelecido e discutido, envolvendo todos os postulantes à adoção, que estão em processo de cadastramento. A preferência é realizar uma preparação coletiva, em face da riqueza das trocas de informações e experiências. O programa deve contar com a participação de, pelo menos, uma psicóloga e uma assistente social da Vara da Infância, um juiz ou promotor de justiça e, sempre que possível, de membros dos Grupos de Apoio à Adoção.

No que diz respeito à execução do Programa de Capacitação e Preparação dos Pretendentes à Adoção, tem-se como diretriz iniciar o encontro com a apresentação formal dos participantes do grupo e da programação a ser cumprida. Em seguida, oferecer aos participantes a possibilidade de se manifestarem quanto às suas expectativas com relação à motivação para adoção; à revelação da história da adoção (em casos de bebês e crianças menores) e ao desenvolvimento da criança e do adolescente. No contexto social, a equipe deve trabalhar os mitos e preconceitos; o enfrentamento do cotidiano escolar; a questão relativa à alteração do nome do adotando, que apresenta reflexos no contexto social; o estímulo à adoção inter-racial de crianças maiores ou de adolescentes, com necessidades específicas de saúde ou com deficiências e de grupos de irmãos.

Em relação aos aspectos legais referentes à adoção deve-se abordar alguns aspectos como: o cadastro de adotantes e adotados; a importância dos encontros de preparação no processo da adoção; os procedimentos e estudos técnicos desde a oitiva de testemunhas a audiências; as causas da perda e extinção do poder familiar; os efeitos da adoção no que se refere ao mandado de cancelamento e novo registro, alteração de prenome do adotado e irrevogabilidade; o prazo para a conclusão da adoção, ou seja, o período para o desfecho processual limitado atualmente a 120 (cento e vinte) dias para a Justiça finalizar o processo de adoção e proferir a sentença; e orientações quanto ao contato dos pretendentes com crianças e adolescentes em acolhimento familiar ou institucional em condições de serem adotados.

Somente após a conclusão do Processo de Habilitação, com sentença proferida pelo Juiz e transitada em julgado, será efetuada a inclusão dos pretendentes no Sistema Nacional de Adoção e Acolhimento (SNA), por magistrado ou servidor autorizado. Com a inclusão dos pretendentes habilitados na comarca, no SNA, eles estarão, automaticamente, aptos na Comarca dos seus respectivos domicílios no estado de Pernambuco e, nacionalmente, podendo ser contatados por qualquer comarca que possua criança(s) com o perfil por eles definido.

Visto neste capítulo os aspectos sócio-históricos e jurídicos do processo de adoção, tratarei no capítulo seguinte das interações psíquicas presentes na filiação e parentalização pela via da adoção.

2 ADOÇÃO: A CONSTRUÇÃO DE UMA NOVA FAMÍLIA

O tema da adoção traz consigo nuances que impõem a necessidade de olhar para os vários personagens que compõem a trama, bem como para a complexidade dos sentimentos presentes e das relações que se estabelecem no processo de adoção. Há de se considerar ainda a amplitude do tema, que envolve desde a entrega ou destituição do poder familiar, a questões legais, instituições de acolhimento, processos de preparação dos pretendentes e do adotante, a adoção propriamente dita e casos de devolução. Todos esses aspectos apresentam um engendramento psíquico e jurídico próprios.

Abordarei, neste capítulo, alguns pontos que me parecem mais relevantes no estudo psicológico do processo de adoção e como podem ser compreendidos. Quando nos aproximamos do universo da adoção nos deparamos com a complexidade das relações. Estão postas aí as histórias pregressas dos envolvidos, relacionamentos presentes, questões de intimidade, amor e perda, pesar e luto, paixões, comprometimento e preocupações, expectativas, idealizações entre outros.

Apesar de alguns desses fatores estarem presentes em qualquer história de vida comum em suas infinitas variações, acredito que há uma série de características abordadas neste capítulo que são inerentes ao processo de adoção e que merecem aprofundamento, em um esforço para a compreensão das diversas manifestações psíquicas dos integrantes dessa nova família. Essa compreensão possibilita, a meu ver, a criação de espaços que proporcionem ajustamentos emocionais, métodos de prevenção que minimizem riscos, sofrimento, transtornos afetivos, fracassos das relações e do projeto adotivo.

Assim, iniciarei meu percurso apontando algumas questões referentes à parentalidade adotiva, seguindo de alguns aspectos psicológicos dos filhos adotivos, pontuando questões ainda mais peculiares para o adolescente adotado. Decerto, não pretendo abordar todos os aspectos, tampouco esgotar o tema. Farei apenas algumas considerações que julgo relevantes no estudo e discussão desse tema amplo e complexo.

2.1 CONSIDERAÇÕES SOBRE A PARENTALIDADE ADOTIVA

Na minha experiência clínica com famílias adotivas tenho encontrado, na maioria dos casos, queixas referentes a problemas afetivos e de comportamento do filho adotivo. Tais sintomas, com frequência, são justificados pela família como problemas individuais da criança, como consequência da filiação adotiva. A ausência da percepção do sistema familiar implicado no sintoma reforça o estigma de que filho adotivo é problemático.

De fato, no início de um processo de adoção encontra-se uma experiência de perda ou rejeição. Há uma inegável ruptura com a família biológica da criança que repercutirá na sua autoimagem e na sua capacidade de vinculação. Essa ruptura é acompanhada de sentimentos e imprime marcas, de manejo complexo, tanto para a criança quanto para os pais adotivos. Por isso, é de extrema importância que os pais tenham condições emocionais para enfrentar o desafio de manejar as situações vividas, de modo a circunscrever os conflitos e de não permitir que se tornem grandes crises. A relação consistente de afeto que se estabelece entre pais e filho adotivo é fundamental para evitar a continuidade do sentimento de rejeição e abandono na criança. Levinzon (2004) considera que pais extremamente ambivalentes, exigentes ou com dificuldade de levar em conta as vicissitudes da criança, estimulam vivências de abandono e rejeição que remetem a experiências iniciais com a mãe biológica.

Considerando tais argumentos, torna-se evidente a implicação do sistema familiar no sintoma da criança adotiva encaminhada à psicoterapia. Torna-se clara ainda a necessidade de compreensão das motivações conscientes e inconscientes para a adoção, uma vez que a função que uma criança tem para uma família determina estereótipos e caminhos traçados inconscientemente.

A prática clínica com famílias adotivas me permite uma compreensão subjetiva acerca das circunstâncias da adoção. Sem dúvida, a motivação para adotar um filho está intimamente vinculada à história pessoal de cada adotante, portanto, trata-se de um significado individual, impossível de ser generalizado. A experiência da adoção é um processo que envolve circunstâncias físicas, emocionais e sociais, abrangendo a pessoa em toda a sua subjetividade. Embora tais circunstâncias estejam em interação, construindo uma dinâmica própria e individual da experiência, alguns aspectos de cada uma dessas circunstâncias podem ser vivenciados pelos adotantes de forma semelhante devido ao próprio imaginário social produzido pelo e no contexto cultural.

Na relação parental adotiva, a ligação hereditária é inexistente. Os laços de sangue, tão valorizados pela sociedade, por garantirem a perpetuação das características genéticas daquela família, precisam ser substituídos pelos laços de afeto. Nesse contexto, é importante que a decisão pela adoção seja antecedida por uma profunda reflexão e seja elaborada com clareza e segurança para que o sentido legítimo de ter um filho seja construído. Quando o projeto adotivo é internalizado em sua forma completa e em congruência com o desejo de filiar, essa forma incomum de ter filhos é vivenciada com mais tranquilidade e as possíveis pressões sociais sobre tal questão são mais facilmente neutralizadas, não permitindo que interfiram na relação parental. Entretanto, alguns casos de infertilidade são vivenciados como falhas da natureza e a impossibilidade de gerar suscita sentimento de frustração, inferioridade e diferença experimentada como uma deficiência. Nesses casos, é comum a adoção ser interpretada como uma reparação e os adotantes, afetados em seus egos, têm dificuldades para lidar com a dinâmica subjetiva do processo, o que se torna um problema que termina atravessando a relação parental.

Levinzon (2004) acredita que a pergunta: "por que adotar?" é essencial para que o casal possa refletir e levar adiante, de forma sintônica, o processo de filiação presente na adoção. A autora comenta que o desejo de um filho surge no quadro da evolução normal do processo edipiano, no qual há a identificação com o genitor do mesmo sexo, por meio de exercer um papel similar ao dele, escolhendo e investindo o filho como objeto de amor. A construção imaginária do filho baseia-se, então, na possibilidade de compartilhar com ele as recordações do passado, os desejos do presente e as expectativas para o futuro. Em perspectiva análoga, Hoffmann (2015) afirma que cada casal parental reconhece no outro um objeto válido para seu desejo e que, a partir dessa validação, a criança se organiza no Édipo. Assim, se a criança faz falta aos pais, está posto o lugar fálico da criança nos pais.

Sobre a infertilidade, Schettini Filho (1998) observou que algumas pessoas fazem o enfrentamento de forma mais tranquila enquanto outras são acometidas por estados depressivos, acarretando uma autoestima rebaixada. O autor identificou alguns sentimentos frequentes nesses casos. O sentimento de frustração surge quando a expectativa de uma gravidez começa a se desvanecer. Esse sentimento, muitas vezes, leva ao abandono do projeto de ter filhos, gera revolta e provoca alteração nas relações interpessoais mais próximas. O sentimento de inferioridade surge a partir da comparação com outras pessoas que realizam o desejo de ter filhos sem grandes dificuldades. O sentimento de culpa seria proveniente do fracasso ao não atingirem suas metas, estando também associado à ideia de uma penalidade por erros cometidos. Dúvidas sobre sua feminilidade ou masculinidade também são frequentes, uma vez que as pessoas estabelecem uma forte ligação entre sexualidade e procriação. Desse modo, para elas, a infertilidade seria uma perturbação quanto à sua sexualidade. Parece-nos importante ressaltar que a história que antecede "o nascimento" do filho adotivo para o casal parental, produzirá nele marcas constituintes do lugar simbólico que está destinado a ocupar nessa família. Essa pré-história de onde emerge o "lugar" do filho está intimamente articulada com a qualidade da relação que se estabelecerá na dinâmica familiar.

Schettini Filho (1998) faz ainda uma relação entre esterilidade procriativa e a forma estéril (não criativa) de viver. Considerando que a infertilidade perturba o processo de concretização de alguns projetos pessoais de vida, a infertilidade definitiva ou circunstancial poderá ser o reflexo da incapacidade de organizar uma forma de vida consistente, autêntica e interiormente confortável. O autor aponta para um fenômeno comum em que algumas mulheres consideradas inférteis, ao abandonarem as tentativas de solucionar o problema, engravidam. Essa "infertilidade psicológica" pode ter explicações variadas, no entanto, sabe-se que a redução do nível de ansiedade proporciona ao organismo condições para que ele atue de acordo com a sua capacidade.

Atualmente, a infertilidade é o principal fator motivador para a busca da filiação por adoção, mas não a única. As contingências da vida moderna e as novas configurações familiares tornaram a adoção uma alternativa para constituição de família. Por impossibilidades ou por opção, muitas pessoas têm abdicado ou protelado a decisão de procriar. Além disso, há uma demanda pela adoção nos novos arranjos familiares constituídos por solteiros, viúvos, casais homoafetivos, parceiros que recasam e a esposa não pode mais gerar, casais que vislumbram a adoção como uma forma de realização, mesmo tendo filhos biológicos.

Ao me deparar com essas demandas, sou inclinada a supor que existe uma diferença peculiar entre a adoção por infertilidade e a adoção por escolha. Em casos de infertilidade sem sucesso em procedimentos de reprodução assistida, a adoção é o único meio para o exercício da parentalidade; nos casos em que há capacidade procriativa, a adoção torna-se uma escolha pela forma de exercício dessa parentalidade. No primeiro caso, a impossibilidade antecede a possibilidade de se tornar mãe e pai; no segundo caso, há a possibilidade de escolha de como se tornar pai e mãe. Independente da configuração familiar que demanda a adoção, o que deve prevalecer é o desejo de ter um filho e a disponibilidade afetiva e de aceitação. Entretanto, penso que a organização subjetiva nessas diversas formas de parentalidade percorre caminhos diferentes e peculiares.

Isso se torna mais evidente ao analisar as demandas pela escolha da criança. Dados referem uma preferência entre os casais heterossexuais por crianças recém-nascidas e brancas. Entretanto, Uziel (2012), investigando os registros de perfis das crianças desejadas por casais homossexuais, observou uma preferência por crianças mais velhas e sem determinação em relação à cor da pele. Decerto, ainda não existem pesquisas suficientes abordando essas singularidades que possibilitem a construção de uma teoria, sendo possíveis apenas conjecturas.

Hamad (2002) considera a demanda por um bebê "pequenininho" como um desejo dos adotantes de criar a criança a suas próprias imagens. Tal posição apresenta um certo risco para a evolução dessa criança se esse desejo narcísico acarretar vontade de apagar sua história ou se supor que nada de sua pré-história é digno de sua história de filho inscrito em sua nova filiação. Nesse sentido, Schettini Filho (1998) defende um projeto educativo que aceite a história pessoal do filho adotivo. Adotar não é uma simples realização do desejo de parentalidade, tampouco uma tentativa de resolver uma inquietação pela necessidade de continuidade. A relação filial implica aceitação da pessoa do adotado na sua forma mais ampla e abrangente, com suas características individuais, juntamente à sua biografia.

Em síntese, torna-se evidente que a decisão pela adoção exige uma segura consciência e consistência parental. Para adotar uma criança é preciso lidar com a impossibilidade de completude do filho ideal. Para acolher uma criança, torna-se necessário lidar com o filho real, aquele que está ali encarnado e que não é o filho sonhado. Quando há dificuldades nessa elaboração psíquica convém que os adotantes busquem restaurar sua potencial condição de exercer a paternidade e a maternidade e de formar uma família. Assim como com o filho biológico, é importante que o filho adotivo sinta que tem um lugar escolhido dentro de uma família.

2.2 ALGUNS ASPECTOS DA PSICOLOGIA DOS FILHOS ADOTIVOS

O bebê nasce em total desamparo, desprovido de recursos que garantam sua sobrevivência. Nesse período, conta apenas com seu sistema de reflexos extremamente simples, incapaz por si só de atender às exigências adaptativas do meio e suas necessidades de afeto. É no contato com o outro que lhe oferece a maternagem que ele irá construir suas funções adaptativas. É necessário um outro que o alimente, sustente, acolha, que lhe fale e transmita uma cultura. Nascendo no desamparo é no encontro contingente com quem oferece acolhimento, cuidado e afeto, que se desenha, para cada indivíduo, as possibilidades de construção de um lugar no mundo. Essa vivência é fundante das sensações mais íntimas e primárias da identidade subjetiva. Winnicott (2002) afirmou a necessidade vital de cada bebê de alguém que facilite seus estágios iniciais dos processos de desenvolvimento psicológico. Sendo assim, todo filho, biológico ou adotivo, precisa ser adotado. Contudo, para que a função materna (do cuidado) se sustente e se transmita para a criança como tal é necessário que haja o desejo de ter um filho.

Quando se trata da criança a ser adotada, há de se considerar a peculiaridade da sua história pregressa. O tempo de exposição ao abandono ou aos maus-tratos, bem como a negligência afetiva terão fortes influências na relação dessa criança com o mundo. Quero afirmar com isso que, quanto mais se prolongue a condição primitiva de desamparo, maiores serão as dificuldades para a criança se organizar psiquicamente.

Winnicott (2005, p. 137) acredita que a base das dificuldades da criança adotada se assenta no cuidado inicial inadequado impedindo um desenvolvimento emocional satisfatório. Quando a confiança no mundo foi abalada muito cedo, a criança precisará ser reinvestida por um ambiente parental particularmente solicitado a provar sua constância, fiabilidade e indestrutibilidade. O autor afirma que a criança negligenciada não foi adequadamente sustentada e acolhida, utilizando a expressão "deixaram-na cair". Isso equivale a dizer que "o chão se abriu por baixo dela e que não existe segurança em lugar nenhum; existe uma queda infinita, que pode reaparecer em qualquer momento". Nesses casos, o restabelecimento psíquico e afetivo da criança fica a encargo da capacidade dos pais adotivos de manterem o investimento afetivo, apesar das possíveis dificuldades que o filho adotivo venha a apresentar.

Na adoção de crianças maiores, mais do que encontrar filhos para pais angustiados, trata-se de minimizar a angústia de crianças sem família. A vida em coletividade na instituição de acolhimento, além de não garantir a maternagem necessária na primeira infância, predispõe que a criança, ao permanecer muito tempo institucionalizada, desenvolva mecanismos de defesa rígidos. Ela pode tornar-se desconfiada devido às frequentes interrupções dos vínculos construídos com os amigos da instituição e com as figuras de apego. Essas perdas podem ser vivenciadas como uma atualização da separação da família de origem causando um sentimento de angústia profunda na criança. Além disso, a cada dia em que ela não é "escolhida" para adoção, confirma-se uma situação de rejeição e da fantasia de que não é digna de ser amada, o que fere profundamente sua autoestima.

Quando uma criança sai de uma instituição, pela via da adoção, está em construção uma nova família. Acontece que o sentido de família para essa criança era mera abstração. Em torno dessas fantasias ela cria sonhos e ilusões que, por vezes, nada tem a ver com a família real. Nos casos em que ela sofreu violência e negligência, o sentido de família pode ser ameaçador, ao invés de protetor. Assim, as experiências negativas do passado influenciam o comportamento da criança e a nova família poderá encontrar dificuldades para se adaptar.

De fato, os filhos adotivos têm experiências adicionais que precisam ser elaboradas. Quando a criança é acolhida na família "substituta", já tem uma história, um passado que precisa interpretar no presente e assim poder projetar seu futuro. Nesse processo de vir a ser, é frequente o filho adotivo deparar-se com alguns questionamentos existenciais associados a sentimentos específicos. Schettini Filho (1998), em sua experiência clínica com crianças adotivas, observou que o sentimento de se sentir diferente é claro no filho adotivo. A diferença nesse caso não é sentida como positiva e fundante de uma individualidade, mas como uma deficiência que incomoda. A diferença é também marcada pela falta de semelhança física com os pais adotivos, o que dá margem para dúvidas quanto à sua aceitação. Diante da ausência de semelhanças físicas com os pais adotivos, surge ainda a fantasia em relação à sua origem e suas características biológicas, especialmente na adolescência. Assim, os filhos adotivos, de forma inconsciente, empreendem esforços para superar a ausência dos laços de sangue com os pais substitutos, buscando semelhanças físicas e psicológicas com eles.

O autor pontuou que em cada processo de adoção há sempre três partes envolvidas: os pais biológicos, os pais adotivos e a criança. A criança, de fato, possui dois casais de pais e precisa lidar com as fantasias provenientes da realidade de ter tido pais que a geraram "em algum lugar e em alguma situação que desconhece". Os sentimentos de luto e rejeição podem vir à tona, assim como o medo de um novo abandono pelos pais adotivos, especialmente quando a vinculação parental é frágil. O sentimento de não ter sido amado pelos pais biológicos pode ser experienciado como uma ferida narcísica que afeta a autoimagem e a autoestima do adotado e se intensifica em caso de ambivalências na relação parental adotiva.

Ainda na dimensão da fantasia é comum buscarem explicações para o "abandono" que sofreram pelos genitores. Nessa lógica, encontram a explicação destruidora de que não permaneceram com seus pais de origem porque são maus. Essa interpretação distorcida da realidade, por vezes, desorganiza o sujeito podendo comprometer suas relações e autorrealizações. Se, no processo de desenvolvimento infantil, o filho biológico testa os limites para ter certeza do amor e cuidado dos pais, a criança adotada busca essa veracidade a cada instante. Quando ela sente fragilidade na relação parental de afeto, com frequência relaciona o limite imposto pelos pais ao fato de não ser "filho de verdade". Schettini Filho (1998) constatou em sua experiência clínica que o advento da adoção é vivido pelo filho adotivo como a afirmação de um abandono. O fato objetivo de estar com outros pais que não são seus genitores levanta a hipótese de que foi rejeitado pelos pais biológicos. Esse sentimento de rejeição fica inscrito no seu inconsciente e a criança vive sob a angústia da possibilidade de uma nova rejeição, agora, dos pais adotivos. Essa dinâmica desorganizadora pode perdurar até que se estabeleça um clima de confiança e uma relação afetiva estável com os pais adotivos.

Decerto são muitas as fantasias que perpassam o imaginário do filho adotivo. Uma vez que a criança tome ciência da adoção, o desejo de conhecer sua origem é quase inevitável. Sobre esse aspecto Winnicott (2005) considera que sempre haverá o fato de que os pais que a conceberam são desconhecidos e inatingíveis e, em alguns casos em que existem problemas, quando a criança cresce, a busca da origem torna-se incessante, talvez como uma forma de completar sua história. Isso não significa dizer, porém, que só é possível a definição de uma identidade se informações concretas e objetivas forem obtidas.

Essa busca é também uma tentativa de elaborar o luto dos pais biológicos inscritos na fantasia, para então consolidar um sentimento de pertencimento à família adotiva. Como ressalta Schettini Filho (1998), de forma pertinente, essa busca não visa à troca de pais. Os filhos adotivos a empreendem impulsionados pela necessidade de preenchimento de uma lacuna histórica, em uma tentativa de se reconhecerem fisicamente na imagem corporal dos pais de origem; portanto, ela não tem a ver com o abandono dos pais adotivos nem com o *quantum* de afeto dirigido a eles. Nesse sentido, a busca não é uma ameaça, mas implica a reafirmação do vínculo com os pais adotivos. Entretanto, quando os pais adotivos não se sentem seguros quanto ao vínculo com o filho, podem sentir esses momentos como algo extremamente perigoso.

Entendo que a confirmação do vínculo afetivo acontece à medida que os pais se mostram responsivos quanto à necessidade existencial de o filho adotivo conectar-se com sua história para atribuir-lhe um sentido. Além disso, a morte simbólica dos pais biológicos parece definir o laço de filiação adotiva, fortalecendo o sentimento de pertença àquela outra família.

Levinzon (2004) refere ter encontrado casos de sentimentos de ódio latentes, resultantes da falha ambiental e sublinha que é comum as crianças adotivas apresentarem dificuldades para estabelecer um sentimento de identidade, estando ainda mais vulneráveis no período da adolescência. A impossibilidade de compreender sua história e de se situar quanto ao seu lugar no mundo, por vezes, não permite o estabelecimento de uma identidade consistente, causando uma alienação do sentido pessoal de existência.

Acredito que é exatamente nessa ausência de sentido que estão ancoradas as bases dos estados depressivos e do que Douville (2015) denominou "errância". Para esse autor, a errância é um sintoma social que vai encontrar dramas individuais. É uma tentativa de reparar o trauma do não lugar. É um esforço para sair de um não lugar para um lugar/domicílio, abrigo psíquico. No não lugar o indivíduo perde cada vez mais sua importância, o que agrava seu sofrimento psíquico. No não lugar, o indivíduo perde progressivamente seus espelhos. Não importa o que o outro diga ou faça, porque ele tem a sensação de que é indiferente. Assim, a errância é o trajeto do contínuo da dor contínua.

Winnicott (2005) acredita que a adolescência das crianças adotadas não é igual à das outras crianças. Segundo o autor, para os filhos adotados, a adolescência exige deles um esforço maior do que para os filhos biológicos, especialmente quando há a ignorância de sua origem. Isso se dá porque na puberdade surge uma nova necessidade da verdade factual. Algumas questões antes secundárias tornam-se agora essenciais. A ignorância da origem se mistura ao mistério usual das relações sexuais, fertilização, gravidez e nascimento e uma preocupação especial quanto à hereditariedade e transmissão de fatores genéticos desconhecidos. Os adolescentes adotados sentem-se inseguros a respeito de suas origens e os pais adotivos podem ser incapazes de lidar com a necessidade de ajuda muito peculiar desse filho.

O autor pontua ainda uma dificuldade adicional dos pais adotivos quando os filhos chegam à puberdade. Para eles, assim como para as crianças, faz diferença que a barreira do incesto seja apenas uma questão legal, e não esteja baseada no laço de sangue. Os pais adotivos não podem identificar-se com seus filhos adotivos no mesmo nível profundo que existe com um filho biológico. Nesse sentido, os pais adotivos também precisam de ajuda no manejo dos próprios sentimentos, despertados pelas novas capacidades desse filho com o qual não têm consanguinidade.

Como todos os adolescentes, o adolescente adotivo confronta-se com a tarefa de construir uma identidade separada dos pais. Acontece que, como aponta Levinzon (2004), esse adolescente tem dois casais de pais, o que significa que ele terá mais pessoas com quem pode se identificar e de quem tem que se separar. A autora pontua ainda que alguns adolescentes se identificam sexualmente com a imagem que fizeram de seus pais biológicos e somam aos seus impulsos comportamentos atribuídos aos pais de origem. No entanto, é possível também ocorrer uma reação defensiva a esse tipo de identificação, devido ao temor do adolescente em se vincular à imagem dos pais biológicos, o que acarreta repressão das manifestações naturais da sexualidade próprias dessa fase.

A referida autora considera que, em alguns casos, as jovens adotados, de forma inconsciente, sentem-se compelidas a repetir a experiência de sua mãe biológica, na tentativa de compreender o que ocorreu e criar um final diferente do seu. A gravidez da filha adotiva pode representar ainda o movimento inconsciente de "dar um filho" à mãe adotiva estéril como forma de reparação. Nessa perspectiva, as identificações dos adolescentes adotivos estão intimamente relacionadas a desejos, medos, sentimentos de lealdade e deslealdade em relação aos casais parentais.

2.3 O PROCESSO DE FILIAÇÃO NA ADOÇÃO

O campo da adoção transformou-se significativamente nas últimas décadas. As novas configurações familiares e as contingências da vida moderna se somaram à infertilidade como motivadores para a adoção. O que antes era destinado prioritariamente a casais inférteis e que almejavam tornar-se pai e mãe, hoje tornou-se alternativa para constituição de diferentes arranjos familiares, sendo a família clássica formada pelo casal parental e seus filhos, cada vez menos correspondente à realidade. A pluralidade étnica, cultural, religiosa e de gênero rompe com o mito da sociedade homogênea e impõe a cada cultura o desafio de assumir suas mutações.

A família, como entidade de base na estrutura social, perdeu seus contornos clássicos perpetuados ao longo dos séculos e passa por um período de confusão quanto aos valores que começam a desenhar novas tramas no tecido social. A taxa elevada de divórcios, o grande número de famílias reconstituídas, a legalização da união homossexual e seus direitos adquiridos transformaram também a realidade da adoção.

A chegada de uma criança na vida de um casal submete cada um dos parceiros a uma série de mobilizações afetivas e psicológicas, cujas consequências são difíceis de prever. Elas são muito delicadas e estão intimamente ligadas à história familiar do indivíduo e à singularidade de sua estrutura psíquica. Essa chegada sempre tende a cruzar elementos vivos da história de cada indivíduo, produzindo nele uma particularidade para vivenciar a função parental.

Um filho pode ter representações diferentes para cada pessoa, desde a promessa de dar continuidade à sua existência, até ao risco de rompimento do relacionamento conjugal. A significação de um filho, por si só, perpassa sentimentos e expectativas ambivalentes tanto de realizações como de impedimentos. O significado do nascimento de um filho é sempre único para cada pessoa. Em relação à mulher, Souza (1997) diz que há duas ocorrências inevitáveis: a "perda", pelo menos parcial, do papel de filha e o ter que assumir o papel de mãe. Assim, a maternidade envolve grandes mudanças no que se refere à identidade da mulher e a chegada do bebê exige uma adaptação interna. Apesar de o foco de estudos ser mais dirigido aos impactos da maternidade para a mulher, sabe-se que o homem também vivencia profundas mudanças interpessoais e intrapessoais com o advento da paternidade. Assim, a chegada de um filho envolve a necessidade de reestruturação e reajustamento em várias dimensões, dentre elas: mudança de identidade e novas definições de papéis, que trazem à tona antigos conflitos inconscientes (MALDONADO; DICKSTEIN, 2015).

Entendendo a família como um sistema em interação, posso afirmar que a chegada de um filho, biológico ou adotivo, altera todo o funcionamento desse sistema, provocando transformações. As transformações são constantes visto que se busca adaptar o sistema às mudanças do ciclo de desenvolvimento e às demandas sociais, com a finalidade de assegurar continuidade e crescimento psicossocial aos seus membros. Nessa perspectiva, a adoção é uma alternativa para o casal ou pessoa que se encontra no momento do ciclo vital que se caracteriza pela necessidade de procriação e perpetuação da linhagem/descendência. Bradt (1995) acredita que a decisão de ter um filho, biológico ou adotivo, é o início de um afastamento em relação ao eixo horizontal do casamento, para um realinhamento com o impulso vertical das gerações do futuro e do passado. Com a chegada de um filho todos os membros existentes na família avançam um grau no sistema de relacionamentos.

McGoldrick (1995) observa que, com a transição para a parentalidade, a família se torna um grupo de três, o que a transforma em um sistema permanente e, mesmo que o casamento se desfaça, o sistema sobrevive com os membros que permaneceram. Portanto, simbolicamente e na realidade, essa transição constitui uma transição-chave no ciclo de vida familiar. Bradt (1995) assevera que não existe estágio que provoque mudança mais profunda ou que signifique desafio maior para a família nuclear ou ampliada do que a adição de uma nova criança ao sistema familiar. Entende que mais do que um vínculo entre duas gerações, a parentalidade modifica o equilíbrio entre trabalho, amigos, irmãos, pais e do próprio casal. Entretanto, quando o casal desenvolveu intimidade na relação é mais capaz de responder ao desafio da parentalidade e de integrar a mudança permanente de vida que ela impõe.

Considerando a família como um sistema vivo, o indivíduo é visto sistemicamente como uma unidade do sistema familiar e possuidor de uma estrutura interna. Assim, torna-se relevante o que acontece com cada parte desse sistema e a forma como as mudanças em uma unidade são precedidas ou seguidas por mudanças nas outras, com o advento da chegada de um novo integrante. O filho adotivo, enquanto nova unidade de interação, surge com o precedente da inexistência da hereditariedade que garante as características genéticas daquela família, convocando a substituição dos laços de sangue, tão valorizados no macrossistema social, pelos laços de afeto.

A família é um sistema intrinsecamente ativo e ocasiões de mudanças ou tensão exigirão o processo de adaptação. A chegada de um filho, seja biológico ou por via da adoção, rompe a homeostase e acarreta mudança intrassistêmica, pois modifica o interior da família. Essa modificação irá repercutir no sistema de funcionamento familiar e exigirá um processo de adaptação, ou seja, uma transformação constante das interações familiares, capazes de manter a continuidade da família, por um lado, e de consentir o crescimento dos seus membros, por outro. Esse processo de continuidade e crescimento se dá por meio de um equilíbrio dinâmico entre a tendência homeostática e a capacidade de transformação que funcionam a partir dos mecanismos de feedback. A retroação negativa é a manutenção da homeostasia e a retroação positiva vai em direção à mudança. Andolfi (2010) observa que é exatamente em ocasiões de mudanças, ou pressões de particular intensidade que surgem os transtornos mentais.

Do ponto de vista da adoção, é importante que o projeto adotivo esteja bem amadurecido e reconhecido pelos adotantes para que seja possível a concessão do lugar que será ocupado pelo novo integrante familiar. A instauração das funções parentais e filiais dependerá do reconhecimento recíproco dos integrantes da família. Esse reconhecimento, por sua vez, é perpassado por afetos que dizem respeito à dimensão psíquica da parentalidade e da filiação. Assim, o processo de parentalização pressupõe uma dinâmica subjetiva de onde emergem lugares próprios a cada membro do sistema familiar. Quando o projeto adotivo está estruturado de forma inconsistente é possível que dificuldades intrapsíquicas manifestem-se atravessando a relação parental, dificultando e comprometendo o acesso dessa nova unidade no sistema familiar, o filho adotivo, e, por consequência, impedindo o equilíbrio dinâmico saudável no interior do próprio sistema.

Dificuldades de adaptação podem surgir também nos adotandos, sendo necessário considerar algumas particularidades. Nos casos de crianças ou adolescentes que permaneceram por longo período institucionalizados, em uma vida na coletividade, muitas vezes no anonimato, "filhos de ninguém" e privados de afeto, certamente eles desenvolverão mecanismos de defesa rígidos que dificultarão a adaptação no novo sistema. O sentido de família foi construído a partir das suas experiências anteriores, certamente negativas e sofridas ao ponto de haver perda do poder familiar, e pode, por sua vez, representar uma ameaça para aquele ser psiquicamente imaturo que não estabeleceu confiança no mundo.

Contudo, a família como sistema ativo autorregulado por regras desenvolvíveis e modificáveis no tempo por meio de tentativas e erros, que permitam aos vários membros experimentar o que é permitido na relação e o que não o é, deverá ser continente do sofrimento e história pregressa da criança adotada até uma definição estável da relação, fundamentada na ética do cuidado[6]. Por outro lado, se os atos destrutivos ou agressões dirigidas aos membros ou a um membro não forem contextualizados e forem julgados com rigor, de forma dissociada, é provável que esse novo membro permaneça como um corpo estranho, sem condições de integrar-se à família bem como o grupo não terá condições de integrá-lo.

Queiroz (2004) observou, em sua clínica com pais adotivos, que comportamentos desajustados, agressivos e desobedientes dos filhos adotados, além de ocasionarem transtornos às relações familiares, produzem, muitas vezes, nos pais, um sentimento de recusa e arrependimento pela adoção. Há um sentimento de estranheza, desejando, muitas vezes, devolver a criança, destituindo-a do lugar de filho(a), como também uma tendência a exacerbar a herança genética da criança e uma não implicação dos pais adotivos nos sintomas dos filhos. Nesse sentido, é importante lembrar a formulação *winnicottiana* de que os pais precisam ser consistentemente resilientes e capazes de conter os impulsos do id da criança ao testar ativamente o ambiente.

É relevante enfatizar que tornar-se pai ou mãe é um momento de transição que exige reorganização familiar e da própria identidade do casal parental, pois modifica a posição dos membros da família extensa. Envolve reajustamento em várias dimensões trazendo à tona antigos conflitos e fantasmas. Em relação ao processo de filiação por adoção, Eiguer (2012) entende como um momento de crise, uma vez que a integração do novo membro na família implica estremecimento ou microtraumatismos, mesmo quando a adoção ajuda a cicatrizar outras feridas, como nos casos de esterilidade. Nesse mesmo viés, Machado *et al.* (2017) apontam a complexidade do processo da parentalidade à medida que ocasiona uma crise no psiquismo com a introdução de uma nova concepção de si mesmo.

A constituição da parentalidade e filiação, seja biológica ou adotiva, é um processo de reconhecimento mútuo. No viés da adoção, do ponto de vista jurídico, a lei opera como responsável pela formalização da filiação.

---

[6] Definirei ética do cuidado baseada na proposta de Luís Cláudio Figueiredo em sua "metapsicologia do cuidado": cuidar é, basicamente, ser capaz de prestar atenção e reconhecer o objeto dos cuidados no que ele tem de próprio e singular, dando disso testemunho e, se possível, levando de volta ao sujeito sua própria imagem. (FIGUEIREDO, 2009, p. 138).

O vínculo da adoção será constituído por sentença judicial, transitada em julgado e inscrita no registro civil mediante mandado do qual se fornecerá certidão fazendo lavratura de novo registro com os nomes dos adotantes. O nome insere o sujeito em uma ordem familiar. Ao ser nomeado, é possível o sujeito transitar não só entre os contemporâneos, como também entre as gerações, organizando e consolidando os laços que os engendra em diferentes posições subjetivas (EIGUER, 2008). Como pontua Lévy-Soussan (2010a), a lei, além de dar suporte à filiação, permite reescrever, por meio da adoção, a nova história de filiação. Do ponto de vista simbólico, Legendre (1990) indica que o lugar de filho deve ser nomeado por quem deseja tê-lo e ocupado por quem se reconhece nesse lugar. É essa nomeação que permite o sentimento de pertença, que, de acordo com Speck e Queiroz (2013), é essencial para a estruturação familiar, pois, sem investimento afetivo no filho como objeto de amor, ele não se reconhecerá na história familiar.

Os pais devem cuidar e se responsabilizar pelo bem-estar e desenvolvimento dos filhos. O reconhecimento do filho como seu e inscrevê-lo em sua genealogia é um ato fundador de sua identidade, ainda que seja necessário percorrer um longo caminho a fim de se apropriar dela. No entanto, admitir o filho em suas linhagens não é suficiente; é preciso que os pais o reconheçam como tendo um lugar; ao fazê-lo, o filho se identifica com o gesto dos pais e aceita a pertença (EIGUER, 2008). Sendo assim, entendo que só é possível conceber a parentalidade e a filiação a partir de um reconhecimento e apropriação recíproca em uma relação dialética. Parece-me que o reconhecimento, no sentido de gratidão, instaura aí uma dívida simbólica que inaugura e consolida o elo intersubjetivo.

Para Eiguer (2008), a intersubjetividade é estabelecida por uma reciprocidade inconsciente entre os componentes de uma díade. Assim, o reconhecimento mútuo surge como elemento central do vínculo, que permite que cada sujeito se sinta integrado, aceito e identificado, cada qual em sua função e papel familiar. Entretanto, penso que a qualidade desse vínculo terá base nas representações parentais sobre o filho que já é falado e enunciado em uma cadeia de significantes produzida pelo desejo parental que lhe confere um lugar simbólico na genealogia familiar. Considero então que o sentimento de pertença se desenvolve a partir dessa construção subjetiva da filiação. Na filiação por adoção é possível pensar que esse sentimento se construirá de formas diferentes a depender da idade do filho adotivo. Quero dizer com isso que o bebê, a criança maior e o adolescente são um sujeito em constituição e admito peculiaridades em cada fase desse desenvolvimento.

Lacan (1998), ao tratar do sujeito em constituição, afirma que o mundo que o bebê encontra ao nascer é um mundo de linguagem, uma vez que antes de falar por si próprio, o bebê já é falado pelo Outro primordial que lhe faz função de cuidado. Nesse primeiro momento que antecede o ser falante, o bebê aliena-se no desejo e nas palavras do Outro para que seja possível sua existência simbólica. Submetido à linguagem do Outro ao nascer, o bebê passa a ter um lugar simbólico na família, dando seguimento à história geracional. Vale salientar que o vínculo biológico por si só não lhe confere um lugar e não lhe garante a transmissão familiar. Assim, independente da sua origem, "enquanto não encontra seu próprio sentido, ao bebê resta corresponder ao sentido que lhe dão, ao lugar que recebe, pois se não o ocupar, não haverá referência alguma para ele" (BERNARDINO, 2006, p. 25).

Em caso de adoção de bebê, esse será nomeado pelos pais adotivos que lhe darão um nome carregado de sentido ao qual, como todo bebê, não terá condições de reagir. Dessa forma, muito precocemente se reconhecerá nesse nome. A criança maior já passou pela operação de separação que, de acordo com Lacan (1998), desalienará o sujeito do saber e das palavras do Outro, para que ele tenha uma existência simbólica própria. Concluo, assim, que na adoção de criança maior ela já reage ao nome, já tem um registro, já foi nomeada por alguém. O desejo inconsciente de alguém estranho aos pretendentes (no caso, dos genitores) já está inscrito na criança e isso pode ser motivo de incômodo e recusa pela adoção de crianças mais velhas. Penso que na adoção de crianças maiores e adolescentes, faz-se necessário um outro caminho para uma admissão simbólica. Os pais adotivos precisam estar disponíveis para aceitar naquele filho, que já tem um lugar de desejo nos seus imaginários, também um desejo estranho a si. Algo já está inscrito na criança pela sua própria história e que ela traz também na representação do seu nome no qual ela já se reconhece. Nesses casos, o filho certamente terá questões bem complexas para dar conta, uma vez que já passou pela alienação e se constituiu falante. Ao ser atravessado por tantas palavras e receber "um banho de linguagem", esses filhos maiores, com uma experiência concreta e subjetiva pregressa irão se constituindo frente à combinação de elementos importantes que resultará em um lugar singular. Esse lugar determinará como serão interpretadas suas manifestações e como receberá as diversas significações, construindo-se assim seu pertencimento.

3 OBJETIVOS E PERCURSO DA PESQUISA

Esta obra fundamenta-se em uma pesquisa de campo com objetivos e metodologia descrita no decorrer deste capítulo. A natureza da pesquisa é qualitativa, pois utilizei os princípios compreensivo-interpretativos para atingir os objetivos do estudo. De acordo com Minayo (2000), a abordagem qualitativa favorece a compreensão dos fenômenos sociais a partir do ponto de vista dos sujeitos envolvidos e implicados na situação em estudo. Por definição, o trabalho qualitativo implica, necessariamente, entender/interpretar os sentidos e as significações que a pessoa participante concede aos fenômenos em foco, por meio de técnicas de observação ampla e entrevistas em profundidade, em que são valorizados o contato pessoal e os elementos do *setting* natural do sujeito (TURATO, 2018).

Para responder à pergunta-problema proposta neste estudo, estabeleci como objetivo geral analisar como acontecem as práticas de preparação dos pretendentes e da criança institucionalizada para o ingresso na família adotiva, nas cidades de Recife e Olinda, e propor subsídios para se pensar formas de intervenção na preparação dos pretendentes e da criança institucionalizada, para adoção, considerando suas demandas e particularidades.

Especificamente, procurei identificar e analisar criticamente os procedimentos adotados na realização do trabalho de preparação de crianças institucionalizadas e disponíveis para adoção, bem como dos pretendentes; compreender o entendimento dos profissionais envolvidos no processo da adoção sobre o significado da preparação de crianças e pretendentes; investigar as dificuldades encontradas nos processos de preparação dos pretendentes e dos adotandos; compreender os fenômenos que surgem nos encontros de preparação de pretendentes à adoção nas Varas da Infância e Juventude de Recife e Olinda, no estado de Pernambuco, a fim de apreender demandas que subsidiem propostas de intervenção.

Para obter os dados dividi a coleta em duas etapas, considerando que o objetivo da pesquisa se refere à preparação dos pretendentes que acontece nas Varas da Infância e Juventude, como também à preparação do adotando que acontece na própria Casa de Acolhida.

Na primeira etapa observei o funcionamento de dois grupos de pretendentes à adoção, sendo um da Vara da Infância e Juventude de Olinda e um na Vara da Infância e Juventude de Recife. Além dos requerentes à habilitação ao Cadastro Nacional da Adoção, estiveram presentes nos encontros as equipes técnicas das Varas e seus respectivos juízes titulares; técnicos e cuidadores de algumas Casas de Acolhimento; Coordenadores de Grupos de Apoio à Adoção; e pais adotivos. Descreverei então a composição de cada grupo observado.

Na preparação de pretendentes de Olinda, estiveram presentes nos encontros o total de 47 participantes contando com a pesquisadora, sendo 27 requerentes, a juíza titular da Vara da Infância e Juventude; a equipe técnica da Vara composta por um psicólogo, uma assistente social e duas pedagogas; duas coordenadoras de Grupos de Apoio à adoção; duas cuidadoras e duas técnicas de Casas de Acolhimento; e quatro casais de pais adotivos, além da pesquisadora/observadora.

Em Recife, estiveram presentes nos encontros o total de 31 participantes contando com a pesquisadora, sendo 21 requerentes, o juiz titular da Vara da Infância e Juventude; a equipe técnica da Vara que compõe o Núcleo de Apoio ao Cadastro Nacional de Adoção (Nacna), formado por uma psicóloga, duas assistentes sociais e uma pedagoga; uma psicóloga do Núcleo de Curadoria Especial e Proteção à Família (Nuce); uma técnica da assistência social de Casa de Acolhimento; e um casal de pais adotivos, além da pesquisadora/observadora.

Na <u>segunda etapa</u> da coleta, visando obter dados sobre a preparação dos adotandos para o ingresso na nova família, visitei duas Casas de Acolhimento em que entrevistei três membros integrantes das equipes técnicas multiprofissionais, sendo uma psicóloga, uma assistente social e uma pedagoga em cada casa. Assim, obtive um total de seis técnicas, de diferentes estados civis e religiões, responsáveis por auxiliar e subsidiar as decisões judiciais na perspectiva da garantia dos direitos da criança e do adolescente, e de suas famílias. Todas as profissionais entrevistadas das duas Casas de Acolhimento atuam nas instituições há mais de um ano.

Na primeira etapa da pesquisa, para coletar dados das observações diretas dos dois grupos de preparação de pretendentes, utilizei o diário de campo. Esse instrumento permite registrar os dados recolhidos suscetíveis de serem interpretados. Nesse sentido, ele é uma ferramenta que permite sistematizar as experiências, tanto dos participantes como da pesquisadora, para posteriormente analisar os resultados. Lancei mão da técnica da observação definida por Turato (2018) como um dos componentes do trabalho de campo que possibilita ao pesquisador "capturar" elementos do comportamento global do(s) sujeito(s) participante(s); da sua comunicação verbal e não verbal; que merecem tratamento/análise, pois são conteúdos que oferecem significados.

Na segunda etapa da pesquisa, para atender aos objetivos de analisar como acontece a prática de preparação do adotando para o ingresso na nova família, bem como compreender o entendimento dos profissionais sobre o significado da preparação da criança/adolescente e pretendentes e, ainda, identificar as dificuldades do processo de preparação, foi utilizado um roteiro único de entrevista semiestruturada, contendo dez questões referentes aos objetivos da pesquisa, aplicado em cada membro das equipes das Casas de Acolhida.

De acordo com Lakatos e Marconi (1993), na perspectiva qualitativa a entrevista representa um dos instrumentos básicos para a coleta de dados. Os autores defendem que a entrevista propicia uma interação e uma atmosfera de influência recíproca entre quem pergunta e quem responde. Para Turato (2018), a entrevista é um instrumento necessário e suficiente no método qualitativo uma vez que oportuniza ao pesquisador debater as possíveis relações que se encontram nos níveis latentes. Minayo (2000) ressalta que nesse tipo de entrevista o entrevistador não faz formulações fechadas, sendo o roteiro um elemento que facilita a comunicação entre ambos. Utilizei ainda um questionário sociodemográfico (idade, sexo, profissão, religião, estado civil, número de filhos, entre outros) no intuito de caracterizar as participantes.

Como procedimento de coleta de dados, inicialmente, entrei em contato com as Varas da Infância e Juventude de Olinda e Recife, explicitei meus objetivos e obtive o deferimento dos seus juízes titulares. Com a carta de aceite das referidas Varas, a pesquisa foi submetida à apreciação do Comitê de Ética em Pesquisa da Universidade Católica de Pernambuco e, após sua aprovação, sob o CAAE 69139717.1.0000.5206, entrei em contato com as equipes técnicas responsáveis pelos encontros de preparação dos postulantes, solicitando sua colaboração. Após o esclarecimento dos objetivos do estudo, da autorização dos profissionais vinculados às instituições, da leitura e da assinatura do Termo de Consentimento Livre foram realizadas as observações diretas nos locais onde ocorre a preparação dos pretendentes (Varas da Infância), consistindo na primeira etapa da nossa coleta de dados.

Tanto a Vara de Olinda quanto a de Recife estabelecem dois encontros com duração de seis horas cada um, o que está previsto em lei. Os encontros de Olinda aconteceram em dois dias sucessivos e os de Recife em dois dias, com uma semana de intervalo. Estive presente nos dois momentos do grupo, em cada Vara, como observadora. Minha observação foi não participante, visto que tive contato com o grupo sem, no entanto, me integrar a ele; e não estruturada, uma vez que registrei e descrevi os fenômenos observados sem um instrumento previamente elaborado dado o objetivo de o presente estudo buscar apreender a expressão da demanda sem interferência externa àquele grupo.

Em um segundo momento, que consistiu na segunda etapa da coleta de dados, iniciei o contato com as duas Casas de Acolhimento, lócus da pesquisa. De acordo com a disponibilidade das participantes, em dias distintos, foram agendadas e realizadas as entrevistas individuais com as técnicas das Casas de Acolhida, sendo uma psicóloga, uma assistente social e uma pedagoga em cada casa. Iniciei pela aplicação do questionário sociodemográfico seguido das entrevistas, que constaram de 11 questões norteadoras que correspondem aos objetivos da pesquisa. As entrevistas foram gravadas e transcritas mantendo ao máximo a fidelidade do que foi dito pelas entrevistadas.

Para a organização e tratamento dos dados, utilizei a Análise de Conteúdo proposta por Minayo (2010), a qual se desdobra em três fases: 1. *pré-análise*: composta de leitura flutuante, constituição do corpus e formulação de hipóteses; 2. *exploração do material:* consiste em encontrar as categorias de análise que, nesse caso, foram definidas a partir do conteúdo emergente nos grupos de preparação de pretendentes e das questões norteadoras da entrevista com as técnicas das Casas de Acolhida; 3. *análise e interpretação do material*: que tem como base teórica a Psicanálise.

No próximo capítulo irei apresentar os resultados obtidos nas duas etapas da pesquisa cuja análise constará de duas seções. Na primeira discutirei as questões observadas e registradas no diário de campo referentes aos processos de preparação dos pretendentes à adoção que ocorrem no espaço da Vara da Infância e Juventude com a coordenação da equipe técnica da própria Vara. Os dados obtidos serão apresentados organizados em categorias que emergiram durante o processo de exploração do material e foram se estabelecendo a partir do conteúdo que foi se apresentando. Assim, interpretei as informações a partir de três unidades de análise: a primeira, diz respeito ao enquadramento do trabalho de preparação realizado pelas equipes técnicas; na segunda, faço uma análise dos relatos de experiência dos pais que já efetivaram a adoção e a terceira refere-se a algumas questões suscitadas nos pretendentes diante da experiência do encontro de preparação.

Na segunda seção tratarei dos dados obtidos a partir das entrevistas com as equipes técnicas das Casas de Acolhimento no que concerne à preparação da criança/adolescente. Busquei compreender o entendimento dos profissionais que compõem as equipes técnicas sobre o que seria preparar as crianças para a adoção; a importância que ele/ela (a equipe técnica) atribui a essa preparação; sua análise técnica sobre o processo de preparação atual dos adotandos; as dificuldades que as equipes técnicas encontram no processo de preparação; se há atenção significativa aos aspectos subjetivos do processo de adoção; se eles detectam sobreposição de aspectos práticos e jurídicos aos aspectos psíquicos dos adotandos; se existe intervenção e qual é realizada, ao se perceber demandas e dificuldades dos adotandos que podem comprometer a construção do vínculo de filiação; se existe articulação e integração entre as equipes do juizado e da instituição de acolhimento.

4 PREPARANDO O "NASCIMENTO"

Nesta sessão discuto, respectivamente, as questões observadas na preparação dos pretendentes e as questões observadas na preparação da criança/adolescente para o ingresso na nova família.

Para maior clareza da discussão dos resultados, dividi a análise em duas seções. A primeira delas discuto a preparação dos pretendentes que ocorreu por meio de dois encontros na Vara da Infância e Juventude de Olinda, bem como de dois encontros na Vara da Infância e Juventude de Recife, ambas lócus da pesquisa. Na segunda seção fiz uma análise da preparação do adotando, em que discuto os dados obtidos por meio das entrevistas com as técnicas das duas Casas de Acolhimento visitadas.

4.1 PREPARANDO O "NASCIMENTO" NOS GRUPOS DE PREPARAÇÃO DE PRETENDENTES À ADOÇÃO

Nas Varas de Recife e Olinda (estado de Pernambuco), a equipe técnica responsável por promover e conduzir os encontros de preparação de postulantes é composta por psicólogos, assistentes sociais e pedagogos. Entretanto, os juízes titulares das Varas têm seu momento com o grupo abordando questões pertinentes ao processo de habilitação e ao projeto adotivo. A preparação consta de dois encontros em grupo realizados na própria Vara, totalizando 12 horas como previsto em Lei. As comarcas contam ainda com a parceria de grupos e Instituições de Ensino Superior que se dispõem a amparar a construção do novo núcleo familiar. A comarca de Recife estabeleceu como critério para habilitação a participação dos postulantes em quatro encontros do Grupo de Apoio à Adoção (Gead). Em Olinda, a equipe técnica da Vara sugere a participação e a frequência dos postulantes ao Grupo de Estudo e Apoio à adoção (Gead) e Grupo de Apoio à Adoção de Paulista (Gaap), mas não estabelece obrigatoriedade para a habilitação. O intuito desses encontros é promover o amadurecimento da demanda dos postulantes pela adoção.

A análise que se segue refere-se à preparação de pretendentes à adoção que ocorre no espaço da Vara da Infância e Juventude com a coordenação da equipe técnica da própria Vara. Acredito que esses encontros de preparação são os lugares mais passíveis de expressão das demandas ou, pelo menos, de elas serem identificadas tanto pelos profissionais técnicos, quanto pelos próprios pretendentes. Por isso a importância de se observar esses grupos e de ficar atento ao que surge.

No quadro 1, apresentam-se as categorias de análises que emergiram da exploração do material coletado, relacionando-as às respectivas descrições.

Quadro 1 – Categorias das análises qualitativas

Categorias	Descrição
Enquadramento do trabalho de preparação realizado pelas equipes técnicas	Nesta categoria estão presentes os conteúdos relativos à organização dos encontros com os pretendentes: programação; cronograma; conteúdos abordados e atividades realizadas.
Relatos de experiência dos pais adotivos	Nesta categoria estão presentes os conteúdos relativos aos depoimentos de pais adotivos que falaram das suas experiências com a adoção.
Questões suscitadas nos pretendentes diante da experiência do encontro de preparação	Nesta categoria estão presentes os conteúdos relativos às expressões observadas nos pretendentes frente à experiência dos encontros de preparação.

Fonte: a autora, 2019

4.1.1 Enquadramento do trabalho de preparação realizado pelas equipes técnicas

A partir da minha participação como observadora nos grupos de pretendentes à adoção, percebi que a proposta de trabalho, o formato do grupo, a programação e o manejo da equipe técnica são variáveis importantes para a compreensão do processo de preparação, bem como do impacto que ele causa nos postulantes. Questões vêm à tona ou não, a depender também da dinâmica estabelecida no processo grupal e do espaço que convoca a emergirem. Além disso, entram em cena, ainda, a possibilidade da circulação da palavra e a capacidade de escuta da equipe técnica. Assim sendo, o "enquadramento do trabalho realizado pelas equipes técnicas" me surgiu como primeira categoria de análise acerca da preparação de pretendentes à adoção.

O primeiro encontro, nas duas Varas, tem um caráter informativo e visa esclarecer os aspectos legais que vão desde o fluxograma da adoção, aos trâmites processuais, embora as questões subjetivas inerentes ao projeto de filiação, especialmente da filiação adotiva, tenham sido frequentemente pontuadas durante os dois encontros, com finalidade educativa. Fez-se presente a participação dos parceiros das Varas com a narrativa de profissionais das Casas de Acolhida que relataram suas experiências quanto a rotina, cuidados, relações com os acolhidos e sentimentos que ali perpassam.

O grupo de Olinda

Na Vara de Olinda, inicialmente, a equipe propôs dinâmicas que convidaram os pretendentes a refletir sobre determinados temas. A primeira tarefa sugeriu que pensassem sobre seus objetivos em relação àquele encontro. Os pretendentes foram divididos em duplas com a tarefa de refletir sobre as seguintes questões: "O que eu trago para o curso? O que espero levar do curso?". Em relação à primeira questão, o sentimento de *dúvida* e o estado de *expectativa* foram expressos por quase todas as duplas participantes. O estado de *ansiedade* também foi verbalizado por alguns participantes. No que concerne à segunda questão, *esclarecimento*, *conhecimento* e *aprendizado* foram mencionados quase que unanimemente e, em menor proporção, *experiência*, *preparação* e *habilitação*, respectivamente. Entendo que tal proposta facilita o sujeito a entrar em contato, minimamente, com seus sentimentos em relação ao projeto adotivo à medida que disponibiliza espaço de circulação da palavra; uma fala individual que encontra acolhimento em um espaço de grupo. Ficou claro que há sentimentos compartilhados e característicos entre os pretendentes à adoção. Nesse sentido, Pichon-Rivière (1998) concebe o processo grupal como uma oportunidade de interação em que o sujeito pode referenciar-se no outro, encontrar-se com o outro, diferenciar-se do outro, opor-se a ele e, assim, transformar e ser transformado por esse. Sequeira e Stella (2014) observaram que a experiência no grupo possibilita a troca de vivências com outras pessoas que vivem situações semelhantes, sendo espaço também para os pretendentes ressignificar conflitos e afetos, trabalhar sentimentos e emoções despertados pelo processo de adoção, desmistificando alguns conteúdos e revendo preconceitos.

A segunda dinâmica propôs um diálogo sobre o conceito de família. O grupo foi dividido em cinco subgrupos e os casais foram orientados a não ficar no mesmo subgrupo. Foram distribuídas cartolinas para confecção de cartazes visando responder à questão norteadora da discussão: "O que é família?".

Uma vez que o objetivo desses encontros é "preparar" os pretendentes para filiarem por adoção, e isto implica constituir uma família ou mesmo ampliá-la, a questão proposta mostrou-se pertinente para uma compreensão das expectativas dos requerentes frente à possibilidade da chegada de um filho. Sabe-se que o imaginário social acerca do conceito, papéis e função da família se transformam no tempo histórico. É exatamente essa família internalizada construída no e pelo laço social que está na base da nova família em constituição. Eiguer (1985) entende que o grupo familiar se constitui a partir de "organizadores do psiquismo familiar". Assim,

> A família tornar-se-á, por causa do organizador, um grupo constituído por indivíduos que possuem uma representação inconsciente deste grupo, no interior do seu aparelho psíquico, [...] este grupo que é a família deve sofrer inúmeras metamorfoses, para encontrar uma coesão, um entendimento e uma solidariedade que lhe sejam específicos. (EIGUER, 1985, p. 29).

Isso posto, torna-se de extrema importância uma compreensão do significado de família para os pretendentes à adoção, bem como uma tentativa de situar em que se fundamentam tais significados no contexto histórico, uma vez que o sentido de família é uma construção social e, como tal, é partilhado nesse social. Para obter essa compreensão, farei uma análise do que surgiu no trabalho de grupo a partir da questão norteadora "O que é família?".

O primeiro subgrupo respondeu que *"[...] família é a base de tudo... é presente lindo de Deus. Família (nuclear) é diferente de parentes... não existe apenas um tipo de família"*. A expressão desses pretendentes reflete o ideal social em torno da família posto na própria Constituição Brasileira. Promulgada sob a proteção de Deus, a Constituição da República Federativa do Brasil, em seu Artigo 226, institui que a "família é a base da sociedade, portanto tem especial proteção do Estado".

O segundo subgrupo verbalizou que *"[...] os tipos de família foram sofrendo adaptações, evoluindo e se transformando em modelos comuns. O que não muda o modelo de família é o filho, o amor, respeito, carinho, responsabilidade, vínculo e amizade, mas existem diversos tipos de família"*. Observei que esses pretendentes trouxeram o sentido de família intrínseco à existência de um filho. Na retrospectiva histórica realizada por Ariès (1981), é possível identificar que o sentimento de família tal qual conhecemos hoje, surgiu com o advento do sentimento de infância no século XV. Com a privatização da vida familiar, a permanência da criança nas famílias de origem e com a ampliação da escola "a família concentrou-se em torno da criança... o clima sentimental agora era completamente diferente, como se a família moderna tivesse nascido... com o hábito geral de educar as crianças na escola" (ARIÈS, 1981, p. 232). Entretanto, atualmente não se diferencia mais o instituto família pela ocorrência do casamento, inclusive, nem mesmo a prole é essencial para que a convivência entre duas pessoas seja merecedora de proteção constitucional e reconhecimento.

O terceiro subgrupo trouxe valores relacionados ao sentimento de família tais como "*[...] respeito mútuo, dedicação, responsabilidade, união, paz, equipe, concordância, não se deve desautorizar*". Parece que essa é a expressão de um modelo de família idealizado e romantizado. Por mais que sejam valores importantes na construção do vínculo familiar, há de se convir que, por vezes, as famílias se atrapalham no manejo desses valores. É preciso desconstruir o modelo romântico para que seja possível lidar com a realidade e assegurar o vínculo, mesmo diante das frustrações e dificuldades. Há de se considerar que a família é um espaço de necessidades, vínculos e circulação de afetos e que cada membro parental traz consigo sua própria família internalizada. Penso que o novo sistema familiar vai se constituindo a partir dessas famílias internalizadas e, dessa interação, resulta uma intersubjetividade familiar. Eiguer (1985) parte da hipótese de que a família é composta de membros que têm, em grupo, modalidades de funcionamento psíquico inconsciente diferentes de seu funcionamento individual.

O quarto subgrupo reconheceu que "*[...] existem vários tipos de família e que além dos laços de sangue, família são laços de amor e envolve respeito, companheirismo, carinho, união e responsabilidade*". Nesse sentido, o Código Civil de 2002 parece refletir as expectativas sociais em relação à instituição família. Do ponto de vista jurídico, o casamento estabelece comunhão plena de vida, com base na igualdade de direitos e deveres dos cônjuges. Pelo casamento, homem e mulher assumem mutuamente a condição de consortes, companheiros e responsáveis pelos encargos da família. O Artigo 1.566 estabelece deveres de ambos os cônjuges tais como: I – fidelidade recíproca; II – vida em comum, no domicílio conjugal; III – mútua assistência; IV – sustento, guarda e educação dos filhos; e V – respeito e consideração mútuos.

O quinto subgrupo caracterizou família fazendo uma breve análise sócio-histórica quando apontou que "*[...]existia um modelo padrão* (tradicional) *que foi se modificando com o tempo. A família vive no mesmo ambiente, mas tem que ter amor, independente da sexualidade. O modelo muda, mas a essência não muda: o amor, companheirismo e respeito. Já temos um modelo".* Estou de acordo que o modelo de família passou por profundas transformações. Souza (1997, p. 28) observou que "a família "encolheu": a família colonial extensa transformou-se na nuclear, que diminuiu para a monoparental reduzida à unipessoal". Entendo que além dos diferentes modelos, estão postas ainda diferentes formas de constituição de família. As configurações dos relacionamentos fazem com que se ampliem o conceito e os tipos de família. Esse amparo tem sido conquistado dia a dia, por meio de reconhecimento jurídico, o que parece estar em direção à igualdade. Em 2006, a Lei Maria da Penha definiu família como "comunidade formada por indivíduos que são ou se consideram aparentados, unidos por laços naturais, por afinidade ou por vontade expressa". Entretanto, faço ressalva em relação à essência da família à qual os pretendentes atribuíram o amor, o companheirismo e o respeito como valores não modificados pelo tempo. Ressalto que nem sempre foi assim na nossa história. Souza (1997) observou que a família brasileira tinha um modelo hierarquizado em que o poder masculino, *o pater familiae*, detinha o controle sobre todos os membros da família. A mulher ocupava segundo plano e era, sem dúvida, objeto de propriedade do homem. O casamento não se baseava em uma escolha afetiva, mas em arranjos familiares motivados por interesses econômicos e sociais. Os pais deviam se manter em uma posição altiva, distante, com o objetivo de manter o respeito dos filhos. É apenas a partir da década de 1950 que se observa o início da horizontalidade nas relações familiares.

Tais conceitualizações de família refletem claramente as transformações sociais que ocorreram ao longo dos anos e que, no Brasil, foram legitimadas pela Constituição Federal de 1988 em que se inaugurou um novo Direito de Família. Nesse período em que se promoveu o estado democrático de Direito no país, elegendo assim o princípio da dignidade da pessoa humana como principal base, ampliou-se também o conceito de família e, em seu novo texto, reconhecem-se outras formas de constituição familiar como a família monoparental e a união estável, garantindo a elas a proteção do estado.

Ao adquirir certificação e tutela jurídica, a união estável abre espaço para o reconhecimento do afeto como um dos princípios que configura a união das pessoas. Além disso, o texto Constitucional ao se destinar a

> [...] assegurar o exercício dos direitos sociais e individuais, a liberdade, a segurança, o bem-estar, o desenvolvimento, a igualdade e a justiça como valores supremos de uma sociedade

> fraterna, pluralista e sem preconceitos, fundada na harmonia social e comprometida, na ordem interna e internacional, com a solução pacífica das controvérsias [...]. (Constituição Federal do Brasil, 1988, Artigo 226),

trata-se de um grande marco para a nova concepção de entidade familiar, abrindo novos espaços para que sejam compreendidos como forma de família outros vínculos existentes, como é o caso de casais homoafetivos. Apesar de o Código Civil, no Artigo 1.723, só reconhecer como estrutura familiar a união estável entre homem e mulher, o Supremo Tribunal Federal proíbe a discriminação de pessoas em razão do gênero. Em seu texto discorre que

> [...] pouco importa se a família é formal ou informalmente constituída, ou se integrada por casais heteroafetivos ou por pares homoafetivos. A Constituição de 1988, ao utilizar-se da expressão "família", não limita sua formação a casais heteroafetivos nem a formalidade cartorária, celebração civil ou liturgia religiosa. (ADI 4.277/DF, 2013).

Assim, um Ato Normativo do Conselho Nacional de Justiça (CNJ), cuja Resolução n.º 175 de 14/05/2013, dispõe sobre a habilitação, celebração de casamento civil, ou de conversão de união estável em casamento, entre pessoas de mesmo sexo.

Após cada um dos cinco subgrupos formados exporem suas concepções, uma técnica pedagoga discursou sobre a necessidade de se proteger o direito fundamental da criança à convivência familiar. Seu discurso encontra-se em consonância com o que estabelece o Estatuto da Criança e do Adolescente (ECA), em seu Artigo 19: "É direito da criança e do adolescente ser criado e educado no seio de sua família e, excepcionalmente, em família substituta, assegurada a convivência familiar e comunitária, em ambiente que garanta seu desenvolvimento integral". Finalizou conceituando família: "*Nas políticas públicas, família são pessoas que se unem por laços de afinidade e afetividade. A função da família é proteção. As pessoas se unem para se proteger*".

Na sequência, a presidente da Associação Nacional dos Grupos de apoio à Adoção (Angaad) proferiu uma palestra sobre a filiação adotiva trazendo aspectos importantes sobre essa forma diferente de se tornar pai e mãe, bem como algumas questões inerentes ao filho adotivo, como ter dois casais parentais e uma história pregressa, em sua maioria, de abandono. Entendo que a abordagem e reflexões acerca desses temas são de extrema relevância, uma vez que o manejo desses aspectos são preditores da qualidade do vínculo que se construirá. Resultados de pesquisas sobre parentalidade e filiação realizadas por Machado, Féres-Carneiro, Mello e Magalhães (2015) apontaram presença de ambivalência na parentalidade e a ambiguidade da filiação; o desconhecimento, por parte dos pais adotivos, sobre a existência de um registro das experiências primitivas do bebê e o atravessamento da curiosidade acerca da origem, ao longo do desenvolvimento, por parte do filho adotivo. Tais resultados convocam a comunidade acadêmica e os grupos de apoio à adoção a pensar estratégias de intervenção visando à prevenção de conflitos que podem ser evitados se os pais estiverem seguros quanto ao projeto adotivo.

A presidente do Angaad manejou, em seguida, uma dinâmica solicitando a participação de 10 (dez) pretendentes. A dinâmica consistiu em que cada participante, com olhos e boca fechados, tocasse e sentisse a textura de um conteúdo dentro de um pote. A regra era que os participantes poderiam emitir expressões faciais, mas quem abrisse os olhos ou falasse sairia da dinâmica. Assim, a facilitadora da atividade levou o pote um a um e no fim solicitou que expusessem as sensações e os sentimentos experimentados naquela vivência. Durante o processo, uma participante abriu os olhos para ver o que continha no pote infringindo a regra da dinâmica e, consequentemente, precisou sair. Os nove pretendentes relataram suas experiências:

> *Primeiro relato: [...]senti medo porque não estava observando. Segundo relato: à espera do que iria acontecer... fiquei ansiosa. Terceiro relato: pensei que era um teste de paciência. Quarto relato: curiosidade, achava que tinha mais coisa. Quinto relato: sensação esquisita, ansiosa, mas não fiquei com medo porque confiei no que você disse. Sexto relato: confiança. Sétimo relato: expectativa. Oitavo relato: queria descobrir o que estava acontecendo. Nono relato: foi bom, mas estava com medo.*

A facilitadora traduziu o sentimento de medo como um mecanismo psicológico natural e que é um sentimento "normal" no processo de adoção. Levinzon (2015) destacou que os medos mais comuns apresentados pelos pais adotivos estão relacionados ao surgimento de algum problema de saúde ou genético da criança; à qualidade do vínculo de que a criança vai estabelecer com os novos pais; e a possibilidade de a mãe biológica reivindicar o filho após a adoção. Schettini Filho (2014a) apontou ainda a "revelação" como um tema mobilizador de angústia nos pais adotivos, enquanto Hamad (2002) observou preocupação excessiva dos pais com as possíveis dificuldades de que os filhos adotivos possam apresentar devido à sua condição de adotado, o que, para nós, evidencia o mito de que filho adotivo é problemático. A angústia então teria relação com o que o autor denominou de "não conhecidos" referindo-se à origem, à hereditariedade e à própria condição de adoção.

A presidente do Angaad lançou, na sequência, um questionamento aos pretendentes que ficaram como expectadores da experiência: "*O que perceberam nessa dinâmica?*". Eles verbalizaram:

> *[...] que somos diferentes; que os sentimentos sentidos aqui vão acontecer no processo de adoção: medos, angústias, insegurança... como na gestação biológica; a questão da gestação mesmo: a demora, a expectativa, como o filho vai chegar e quando vai chegar, que também deve ter no filho biológico; como cada um viveu diferente a experiência. Foi difícil ficar de olhos fechados.*

Observei que essa dinâmica teve por objetivo convocar os participantes a entrarem em contato com o desconhecido e traduzirem seus sentimentos frente ao estranho. A facilitadora interpretou a saída da participante da dinâmica como uma dificuldade de suportar o toque ao desconhecido e acrescentou que "*[...] todos nós temos nossas limitações. Não faça nada que esteja além do seu limite. Só vamos nos perceber pais, sendo*". Ao estudar a constituição da parentalidade adotiva, Machado *et al.* (2017) ressaltaram a necessidade de identificar os aspectos e os fenômenos envolvidos, já que o mundo interno dos pais se apresenta como um fator importante no fortalecimento, ou na vulnerabilidade do vínculo de parentesco.

A facilitadora da dinâmica seguiu colocando como questão a importância do "curso" de pretendentes à adoção. Foi significativo o retorno de um pretendente quando disse: "*Se é um caminho diferente* (para ser pai e mãe), *então é preciso conhecer*". Schettini, Amazonas e Dias (2006) defenderam que um trabalho preventivo para que as famílias adotivas possam construir dinâmicas mais favoráveis deve abordar as especificidades do processo adotivo. É por esse mesmo viés que Levinzon (2013) sublinhou que a experiência positiva da filiação adotiva está intrinsecamente relacionada à qualidade de preparação para adoção e a habilidade para lidar com os desafios inerentes ao projeto adotivo.

No formato de diálogo, a presidente do Angaad foi esclarecendo que durante o percurso de preparação vai-se "*[...] aprendendo a ser melhores pais, tornando-se famílias seguras em suas funções, protetoras e cuidadosas.* Ao concordar, um pretendente verbalizou: *Não é um objeto que você compra e devolve*". É exatamente visando à minimização dos riscos de fracasso do projeto adotivo que se propõe uma avaliação e escuta dos requerentes. Albuquerque e Ribeiro (2018) assinalaram que a escuta dos pretendentes tem por objetivo compreender como eles situam o filho na sua dinâmica subjetiva. Os dispositivos de acolhida aos candidatos à adoção devem atentar para suas motivações, conscientes e inconscientes, considerando as sensibilidades e expectativas tanto da futura família quanto da criança. A escuta deve conduzir a atenção dos requerentes para alguns aspectos problemáticos de suas demandas, convidando-os a retomar o trabalho a partir do que é percebido como prejudicial à acolhida de uma criança (HAMAD, 2002). Além disso, a avaliação de candidatos é uma medida importante no sentido de proteger a criança de pais inapropriados, violentos, com problemas sérios ou ainda com demanda ilegítima (LEVINZON, 2015). Entendo como demanda ilegítima aquela que designa a criança como objeto de satisfação parental, impedindo que seja vista em sua diferença, na condição de sujeito. Nesse tipo de demanda, a criança assume função de utilidade e, frente a sua vulnerabilidade física e psíquica, fica fadada à condição de objeto.

A facilitadora trouxe ainda questões que julgo de entendimento fundamental para o cuidado do projeto adotivo. Seguiu:

> *Ser pai e mãe exige tempo. É entrar numa aventura que não se sabe o que tem. Não se tem garantia que a criança será saudável sempre, nem adotivo nem biológico. Existe uma história anterior da criança, os nove meses durante a gestação já é uma longa história, pois já existem inscrições psíquicas nesse bebê. Para a criança o sentimento é de abandono, independente se foi doada e o motivo que a colocou em adoção. A adoção é uma continuação da história da criança. Esse filho sempre terá dois casais parentais. Essa é a maior diferença da adoção: a criança tem uma história que será continuada e terá quatro pais e todos têm sua importância porque os primeiros deram a vida.*

Assim, a presidente do Angaad afirmou que os pais adotivos são parte dessa história da criança, mas deve-se reconhecer a importância da família biológica. Nessa perspectiva, Schettini Filho (1998) pontuou que é preciso compreender que os pais biológicos são mais do que um conjunto de mecanismos que, pela sua função, produziram um filho para casais inférteis. Existe uma ligação mnêmica primitiva que não se apaga da mente do filho adotado, ainda que a separação tenha sido no nascimento. O autor refere o convívio de grande significação durante o período da gestação. A desvalorização e a marginalização histórica dos pais biológicos são desrespeitosas e causam barreiras ao desenvolvimento dos filhos adotivos. A história contada pelos pais adotivos e suas referências aos pais biológicos interferem na autoestima e autoimagem da criança (LEVINZON, 2013). Queiroz (2004) observou que, não raro, há uma certa incompatibilidade de se conviver com duas histórias — a da criança com os genitores e a da criança com os pais adotivos.

Outro aspecto importante pontuado pela presidente do Angaad foi em relação ao luto pela impossibilidade de gerar. Afirmou que *"[...] é necessária a renúncia da parte que pode gerar, pois o projeto de adoção precisa ser do casal"*. Hamad (2002) apontou a necessidade de se estudar, individualmente, a posição dos dois parceiros com relação ao projeto de adoção, uma vez que cada qual tem uma dinâmica inconsciente própria. Entendo que se faz necessária a renúncia da parte que pode gerar como também o trabalho de luto do filho biológico para ambas as partes. O citado autor observou que:

> O luto da criança biológica se mostra como a problemática central numa diversidade de temas que giram em torno da interrupção da transmissão do patrimônio genético, da impossibilidade de fazer um filho idêntico a si, de dar ao outro o filho do amor e, por fim, do sentimento de estar em dívida com o outro [...] A adoção implica cada um dos cônjuges num encaminhamento em que cada um deles está da mesma forma investido no projeto. (HAMAD, 2002, p. 16).

O discurso da presidente do Angaad abordou temas sucessivamente que, em última análise, remetem à questão biológica: o casal parental de origem, a história pregressa e o luto pelo filho biológico. Silva e Queiroz (2018) destacaram a estreita relação entre o luto pelo filho biológico e a "revelação" da história para a criança. As autoras consideram que os pais que apresentam dificuldades em fazer circular livremente a palavra sobre a origem do filho, podem não estar conseguindo abordar consigo mesmo as limitações biológicas que os levaram à adoção. Acredito que não por acaso esses aspectos aparecem articulados em um mesmo discurso. Talvez uma análise mais profunda nos leve em direção à trama edípica e sua resolução.

A coordenadora do Grupo de Apoio à Adoção de Paulista (Gaap) também se pronunciou, com o objetivo de sensibilizar os pretendentes quanto às necessidades e aspectos próprios do desenvolvimento das crianças e adolescentes em situação de acolhimento institucional, que têm seus direitos violados. Ela fez reflexões sobre a importância da preparação dos postulantes e do acompanhamento na pós-adoção e falou da necessidade de se *"mergulhar na relação"* para que o vínculo seja construído na parentalização adotiva. Afirmou que as crianças e os adolescentes surpreendem com a capacidade de resiliência, superação e adaptação, compartilhando um pouco da sua experiência com alguns casos de adoção em que observou o desenvolvimento de *"[...] amor construído; adotantes e adotados com vínculo de filiação; superação de medos e limitações; desenvolvimento biopsicossocial da criança alcançado com êxito; histórias de compreensão e crescimento mútuo; maternidade, paternidade e filiação independente da configuração familiar".* Menezes e Dias (2018) consideraram a adoção como via de mão dupla, em que tanto os pretendentes adotam a criança como ela deve poder adotar aqueles que desejam ser seus pais. Assim, essa adoção mútua é para além de um ato jurídico. Acredito que se há desejo e disponibilidade interna para a construção do vínculo, a adoção psíquica acontecerá naturalmente, em um processo que ocorre no dia a dia. Nesses casos, pais e filho vão encontrando sua maneira de adaptar-se uns aos outros mobilizando recursos salutogênicos para fazer o enfrentamento das dificuldades que surgem.

O segundo encontro de Olinda iniciou com a psicóloga da Vara falando um pouco dos aspectos psicológicos do tornar-se pai e mãe, das mudanças inerentes à chegada de um filho à família, seja esse filho biológico ou adotivo, e da necessidade de adaptação de todos. Destacou que *"[...] é necessário que haja uma reorganização das prioridades nessa família e que a criança que veio do abrigo tem uma história de abandono, e, muitas vezes, se sente culpada pelo próprio abandono".* Nesse sentido, *"[...] os pais adotivos devem oferecer apoio para a superação da experiência traumática e serão o porto seguro dessa criança. Quando a criança adotiva diz: eu tive uma mãe! O que ela quer dizer com isso é: você vai me abandonar também?".* A psicóloga seguiu orientando os pretendentes: *"[...] vocês precisam se apropriar desse papel* (de mãe e pai) *e dizer: não precisa ter medo, eu estou aqui".* Acredito que a relação que se estabelece entre pais e filho adotivo influenciará a qualidade dos sentimentos de confiança ou desconfiança, aceitação ou rejeição na criança. Levinzon (2013) pontuou que quando os pais são ambivalentes, exigentes ou apresentam dificuldade de levar em conta as vicissitudes da criança, estimulam a atualização da vivência original de abandono e rejeição. Ao passo que, manter uma atitude compreensiva, tranquila, paciente, segura e, ao mesmo tempo, dar os limites necessários, permite que a criança perceba o quanto estão comprometidos com ela.

A técnica deu andamento ao trabalho com uma dinâmica em que 10 (dez) pretendentes deveriam construir um enredo e encenar uma história de um casal que recebeu uma criança de 10 anos pela via da adoção. No enredo deveriam ser incluídos outros atores sociais como irmãos, família ampliada, escola, vizinhos, entre outros. Os pretendentes construíram uma história com uma carga grande de preconceito, com vários mitos negativos acerca da adoção. O preconceito iniciou na própria família ampliada que contestou a adoção dizendo: *"Tá doida!"*. Nesse momento, um pretendente verbalizou que *"[...] o preconceito não é só em relação à criança, é em relação aos adotantes também, chamam de louco, olham atravessado"*. O enredo seguiu envolvendo a comunidade escolar. O filho adotivo fictício sofreu discriminação na escola pela diretora e pela professora por ter vindo de instituição de acolhimento. Após a encenação, alguns pretendentes avaliaram o conteúdo expresso no enredo e emitiram julgamento. Uma requerente afirmou que o *"[...] maior desafio é o rótulo que a sociedade coloca... é muito complicado! O amor precisa ser muito trabalhado"*. Um pretendente reiterou que a *"[...] sociedade acha que porque a criança vem do abrigo vai ser marginal"*. Outra declarou: *"[...] Como mãe eu jamais teria matriculado ele nessa escola"*. Uma próxima questionou: *"Como lidar com o preconceito da sociedade? Como você procede com alguém que te agride?"*. Um requerente supôs que *"[...] se a criança se sentir agredida na escola, ela não vai querer voltar àquele ambiente"*. Entretanto, uma pretendente lançou um olhar por outro viés. Anunciou que *"[...] o fato de ser adotado não quer dizer que ela* (a criança) *vai passar problemas. Lembrar que são crianças inseridas num contexto e que vão passar por problemas como qualquer criança, independente da forma como ela chega na nossa vida"*. Uma das pretendentes já é mãe adotiva e falou da sua dor pela rejeição por parte da sua genitora ao não aceitar sua filha adotiva como neta. Nessas condições, Hamad (2002) afirmou que os pais adotivos estão condenados a ficar sozinhos com seus filhos, com a tarefa de defendê-los da hostilidade dos avós, sob o risco de uma ruptura, uma vez que é o interesse da criança que deve prevalecer.

Em seguida, a fala da pedagoga da equipe técnica reiterou a importância da parceria família-escola e do suporte no desenvolvimento pedagógico que, por vezes, está comprometido por ausência de estímulos adequados. Levinzon (2015) defendeu que a escola deve ser informada da condição da criança e precisa estar apta a ajudá-la a se integrar ao ambiente escolar e a construir vínculos. Para escolher a série que a criança será inserida deve-se considerar prioritariamente sua maturidade emocional, não se baseando apenas na idade cronológica. Para a autora, o esforço é para evitar que a criança passe por situações de pressão que estão além do que ela pode lidar no momento. Após as intervenções técnicas, abriu-se espaço para relatos de experiências de pais adotivos que já estão com seus filhos.

Finalizando o encontro, alguns integrantes das Casas de Acolhimento deram seus depoimentos situando um pouco os pretendentes do papel e funcionamento da instituição. Um dos integrantes informou que

> *[...] o papel do abrigo não é só acolher, mas inserir também no social com suas necessidades reais. Buscamos parcerias para que ele se sinta melhor dentro do acolhimento. Quando os adolescentes estão próximos aos 18 anos, incluímos em programas sociais (moradia, bolsa família entre outros) e em cursos para que eles possam se manter.*

Um profissional de outra Casa de Acolhimento ressaltou que

> *[...] quando a criança chega ao acolhimento, houve uma falta. Inserir as crianças no ambiente familiar é a grande missão de uma Casa de Acolhimento. A criança deve voltar para a família, mas de uma forma diferente, com seus direitos garantidos.*

Em discurso emocionado e profundo, o profissional mencionou os vínculos de afeto que são construídos dentro da instituição e a expressão desses afetos: "*O amor é contagiante. No Dia das Mães a homenagem para o cuidador foi: 'Eu queria fazer essa homenagem a fulano porque ele é mãe, é pai, é amigo, é tudo'*", referindo-se à fala de um acolhido. Sabe-se que é direito fundamental da criança e do adolescente o convívio familiar e comunitário. Quando uma criança é afastada da sua família de origem e inserida em acolhimento, esse direito fundamental foi violado. Os espaços de acolhimento surgem então como um outro espaço social, alternativo, de medida protetiva. Enquanto ambiente protetivo, os espaços de acolhimento têm a função de criar possibilidades de vínculos saudáveis e humanizados para a criança e adolescente que chega ao novo lar, junto ao novo grupo social. Guimarães (2011) afirmou que os educadores sociais/cuidadores têm como atribuição acolher, cuidar e proteger cotidianamente os acolhidos, devendo ser para eles uma referência. O bom convívio dos profissionais que cuidam de crianças e adolescentes poderá representar, para esses, a possibilidade de acreditar em relações construídas com mais afeto e respeito, facilitando, inclusive, a construção dos vínculos futuros com a nova família.

O educador social seguiu situando os pretendentes quanto à importância dos laços de afeto: *"Quando o amor acontece se entende o que é ser mãe, o que é ser pai e o que é ser filho. A preparação é para que não aconteça negligência, violência e sofrimento novamente porque isso é muito doloroso para a criança"*. Após esse relato, um pretendente verbalizou: *"[...] a gente tem curiosidade de saber como é a rotina da casa (de acolhimento). Eu gostaria de saber como é"*. O profissional, de forma pertinente, ressaltou que *"[...]a casa de acolhimento é o lar, a gente precisa ter cuidado e respeitar aquele espaço"*. Considerei de extrema relevância essa intervenção do educador, uma vez que chama atenção para a necessidade de se proteger o "espaço privado" da criança que já vivencia uma individualidade difusa, devido ao contexto institucional de coletividade. Além de preservar o espaço físico, preserva-se a integridade psíquica da criança que não está exposta em uma vitrine. Guimarães (2011) enfatizou que os serviços de acolhimento não podem prescindir da reflexão sobre sua intencionalidade educativa e protetiva. Sua proposta institucional deve ser norteada por um Projeto Político-Pedagógico constando de um conjunto de atividades que orienta e qualifica o atendimento.

O grupo de Recife

Em Recife, o grupo de pretendentes foi recepcionado pela equipe técnica composta por uma pedagoga, duas assistentes sociais, uma psicóloga e uma estagiária de psicologia. A equipe propôs uma dinâmica que consistiu na distribuição de frases com ditados populares que foram divididos em duas partes e distribuídas entre os participantes. O detalhe era que uma parte continha o início do dito tal qual como se conhece popularmente e a outra parte continha o final com o sentido modificado. A tarefa consistiu em cada um procurar a outra parte da sua frase. Inicialmente procuraram pela parte do ditado popular já conhecido, mas, aos poucos, foram se dando conta de que o que estavam procurando estava escrito em outro formato com um sentido diferente do que comumente se conhece. Após encontrarem um novo sentido para seus ditados populares, os pretendentes espontaneamente interagiram e foram se conhecendo. Em seguida, a facilitadora solicitou que cada dupla fosse à frente do auditório e se apresentasse um ao outro falando um pouco do perfil do filho desejado e sobre as expectativas acerca da adoção. A meu ver, essa dinâmica os convocou a quebrar paradigmas e foi pertinente, uma vez que ela chama a atenção para a necessidade de se reconhecer com naturalidade a forma diferente de se filiar por adoção.

Além disso, percebi que a interação entre os participantes possibilitou certa identificação e empatia entre eles, bem como a oportunidade de expressão das expectativas em relação à adoção, inclusive no que se refere ao perfil do filho adotivo. A partir desse primeiro momento, alguns pretendentes já admitiram a possibilidade de mudar o perfil durante o percurso. Sequeira e Stella (2014) observaram que os grupos de preparação para candidatos à adoção são espaços que possibilitam aos requerentes compartilharem dúvidas, medos, ansiedades e descobertas. Nesse mesmo contexto, Osório (2003) percebeu que a reflexão dos temas abordados nos grupos operativos facilita mudanças de ponto de vista e expectativas com relação aos futuros filhos, sendo possível a superação de ideias fixas e estereotipadas.

Ainda que o primeiro momento tenha tido objetivo informativo, na intenção de situar os postulantes quanto ao fluxograma da adoção e seus trâmites legais, que vão desde a destituição do poder familiar à efetivação da adoção, a equipe técnica estimulou a reflexão quanto ao desejo de filiar por adoção e solicitou que *"cada pretendente seja fiel ao próprio desejo"*. Menezes e Dias (2011) ressaltaram a importância do lugar da criança no desejo parental para a existência de uma vida psíquica saudável em qualquer filho, seja ele biológico ou adotivo, pois é a partir dele que se constrói o vínculo de filiação. É por esse viés que entendo a expectativa da equipe técnica da Vara do Recife quando declarou que *"[...] espera-se encontrar famílias diferentes nas diferentes etapas do processo, no sentido de amadurecimento"*. Entendo que tal expectativa gira em torno de uma perspectiva de amadurecimento do projeto adotivo, à medida que se vai "abrindo" espaço para esse filho e aproximando-o do real, ao passo que parte das fantasias vão sendo ressignificadas no processo de amadurecimento. Levinzon (2013) sublinhou que a qualidade de preparação para a adoção e a habilidade para lidar com os desafios específicos inerentes às relações adotivas são fatores que contribuem para uma experiência positiva de filiação. No processo de preparação os pretendentes precisam refletir sobre suas motivações para avaliar e identificar questões importantes que poderão interferir no vínculo com a criança. Além disso, quando os pais têm uma visão realista, desde o início das dificuldades que podem surgir, bem como uma noção do que se pode esperar no desenvolvimento infantil, serão capazes de acompanhar de modo mais tranquilo o ritmo específico do filho. A equipe técnica considera também a especificidade de cada família: *"Não tem atendimento padronizado. Cada família é tratada de acordo com sua singularidade. Se precisar de mais tempo de preparação, de mais entrevistas..."*. Devido a suas características próprias, a adoção é um processo interrelacional e intercultural que exige um trabalho de elaboração intenso da experiência pessoal e coletiva (MAHFOUD, 2018). Há de se considerar, além da particularidade de cada família, a singularidade de cada postulante. Para a psicanálise, o lugar simbólico de um filho está relacionado às fantasias dos pais frente às particularidades edipianas. Assim:

> A escuta dos postulantes que falam de seu projeto de adoção implica, para além da história singular de cada um, a identificação do que de seu desejo de criança, de sua fantasia inconsciente, de sua estrutura se desvela nos interstícios de seu discurso. (HAMAD, 2002, p. 47).

Seguindo o que preconiza o Artigo 48 do Estatuto da Criança e do Adolescente: "O adotado tem o direito de conhecer sua origem biológica, bem como o de obter acesso irrestrito ao processo no qual a medida foi aplicada e seus eventuais incidentes, após completar 18 (dezoito) anos" (Redação dada pela Lei n.º 12.010, de 2009). A equipe técnica falou da importância de não se guardar segredo da adoção nem de se omitir a origem: *"Quando se trata com naturalidade a adoção, que é uma filiação tão legítima quanto a biológica, a criança lida melhor com o fato"*. Sobre esse aspecto, Hamad (2002) afirmou que ainda que a família construa um segredo acerca da adoção, a criança, por vezes, o conhece, mas não está autorizada a saber dele, uma vez que é segredo. Assim, constroem-se fantasias em torno dele, mas não tem a palavra adequada para dizê-lo. Como sabe-se, do ponto de vista psicanalítico, o que não pode ser transformado em palavra, transforma-se em sintoma.

Estiveram presentes com espaço de fala uma assistente social e uma cuidadora de uma das Casas de Acolhimento da Rede Pública de Alta Complexidade da Prefeitura do Recife, que abriga crianças e adolescentes de 0 a 18 anos incompletos. As equipes das Casas, em geral, são formadas por assistente social, psicólogo, terapeuta ocupacional, cuidadores e educadores sociais, que permanecem atentos às necessidades de afeto, saúde, higiene, entre outros, e estabelecem uma rotina na casa com caráter educativo e pedagógico.

Diante da afirmação de uma cuidadora, *"[...]eles chegam muito sofridos"*, foi possível constatar a necessidade de uma filiação continente. Os depoimentos das equipes das casas de acolhida possibilitaram aos pretendentes conhecer um pouco da rotina e dos cuidados oferecidos aos acolhidos, bem como os aspectos emocionais presentes em crianças e adolescentes que tiveram seus direitos violados. Winnicott (1997) pontuou que quando a criança sofreu privações e sua história inicial não foi suficientemente boa em relação à estabilidade ambiental, ela inicia a adoção em desvantagem. Os pais adotivos então precisarão lidar com a complexidade de uma criança carente devendo oferecer-lhe uma provisão ambiental regular que, gradualmente, corrija o fracasso inicial.

Advertindo sobre as dificuldades inerentes às fases de desenvolvimento, somadas àquelas desenvolvidas a partir da história pessoal da criança, as equipes das casas asseguraram a disposição dessas crianças para se doar e receber afeto. Uma assistente social afirmou: *"Precisam de rotina, atividades educativas, lazer, regras, afeto, fazem birra e trelas como toda criança, mas são dispostos a receber e se doar. Ensinam todos os dias a gente".* Fica claro assim que a relação de filiação adotiva deve ser construída dia a dia, como qualquer outra relação, e que há de se considerar que filho, adotivo ou biológico, não se escolhe, é o que chega e se apresenta como real.

O relato de experiência das equipes das casas de acolhida decerto sensibilizou os pretendentes quanto às privações sofridas, experiências dolorosas, necessidade de afeto e, sobretudo, possibilidades de superação das crianças acolhidas. As equipes chamaram atenção ainda para uma expectativa em via de mão dupla. Afirmaram que: *"[...] do mesmo modo que os pretendentes criam expectativas em relação ao futuro filho, as crianças também criam expectativas em relação aos futuros pais, inclusive imaginando seus rostos, jeitos, se terão outros filhos, entre outros".* Tal fato vai ao encontro da proposição de Dolto e Hamad (1998) ao afirmarem que os filhos adotivos também adotam seus novos pais.

Essa via de mão dupla impõe ainda mais complexidade ao projeto adotivo, que deve ser cuidadosamente manejado pelas equipes técnicas, pelos grupos de apoio à adoção e, principalmente, pelos pais adotivos no período de adaptação. Faz-se necessário compreender a peculiaridade da história de uma criança adotada e reconhecer que há, na sua relação com o mundo, uma dinâmica própria. Assim, deve-se ter clareza das expectativas de ambas as partes para que a preparação fortaleça esse pretendente, a fim de suportar as frustrações da criança e suas expressões muitas vezes mal adaptadas, dada sua imaturidade psíquica para traduzir seus sentimentos em palavras. Acontece que, como afirmam Dolto e Hamad (1998), certos adultos imaturos não são capazes de suportar as expressões de vida de uma criança. Não raros são os casos de desistência da adoção após o "período de convivência", com evidente intolerância do adulto às expressões da criança ainda no período de adaptação. Os motivos verbalizados para justificar a devolução muitas vezes são banais e ocultam a motivação inconsciente.

Entretanto, uma análise mais profunda conduz à compreensão do lugar designado para aquela criança/adolescente na economia psíquica desses requerentes. O retorno da criança à Casa de Acolhimento após a devolução tem sérias repercussões. Muniz e Dias (2018) apontaram oito impactos mais frequentes em crianças devolvidas após tentativa de adoção. Dentre eles estão: conduta agressiva; rejeição à nova adoção; negação à devolução; isolamento e introspecção; desconfiança nas relações; dificuldade de aprendizagem e escolar; e autoculpabilização e distúrbios do sono.

O segundo encontro, além de oferecer informações acerca do procedimento e dos projetos que as Varas desenvolvem, abriu espaço para relatos de experiências de pais adotivos que já estão com seus filhos. Embora o quantitativo de pretendentes à adoção tenha sido numeroso, eles pouco se expressaram e se mantiveram em uma postura mais receptiva do que atuante. Durante os encontros atuaram apenas quando a dinâmica de integração foi proposta, bem como em alguns momentos, quando surgiram questões específicas de caráter informativo, mobilizando-se mais durante os relatos de experiências dos pais adotivos.

4.1.2 Relatos de experiência dos pais adotivos

Os encontros de Olinda contaram com algumas famílias cujas adoções foram bem-sucedidas, com relatos de experiências emocionados, inclusive com adoções peculiares de crianças com perfil pouco compatível com as demandas dos pretendentes como são os casos de crianças maiores, com problemas de saúde e grupos de irmãos. Percebi que esse foi um momento de muita elaboração tanto para os depoentes quanto para os postulantes. Um dos depoentes declarou: *"Relatando a gente revive o sentimento"*. Em seu depoimento para o grupo, relatou sua experiência do primeiro encontro com o filho antes de se efetivar a adoção: *"Ele disse que eu era o pai dele quando ele não quis sair do meu colo. A gente tinha que ser dele!"*. Citou o termo *"toque romântico"* para descrever seu sentimento naquele momento referindo-se a um processo de identificação mútua entre parentalidade e filiação. Já outra mãe adotiva fez o contraponto afirmando *"[...] que não foi amor à primeira vista. Ela* (a filha com 11 anos) *disse que queria* (aquela adoção)*, eu também, e o amor foi se construindo até o infinito"*. Considerando esses dois relatos, defendo que independente de ser amor à primeira vista ou amor construído, para que seja possível a inscrição da parentalidade e da filiação é necessário que haja o espaço simbólico para esse filho, seja biológico ou adotivo. Além disso, a construção da parentalidade é um processo contínuo, de modo que essa constituição se vincula, também, à capacidade subjetiva dos pais de construírem uma imagem do filho, criarem fantasias e expectativas a seu respeito, atribuindo-lhe características familiares, fatores que interferem na sua constituição como ser (ZORNIG, 2010; MORELLI; SCORSOLINI-COMIN; SANTEIRO, 2015). Entretanto, as competências e as capacidades interativas dos filhos reparam e modificam as fantasias dos pais, auxiliando-os no processo de "parentificação". Na medida em que o filho não é um reservatório passivo dos cuidados parentais, suas respostas podem modelar o tipo de parentalidade que lhe é oferecida, propiciando novas formas de interação que vão além dos modelos identificatórios que os pais trazem de suas histórias individuais (ZORNING, 2010).

Outro relato de um pai adotivo que prestou seu depoimento no encontro de preparação de pretendentes em Olinda foi no sentido de chamar atenção para a desconstrução do filho idealizado. Descreveu seu sentimento quando visitou uma casa de acolhida onde provavelmente estaria a criança que a Justiça lhe confiaria como filho. Disse: *"Aqui (referindo-se à casa de acolhida), não é mercado para chegarmos e escolhermos nosso filho".* Penso que o nível de disponibilidade interna para renunciar ao filho ideal e construir uma relação de afeto com o filho real é de grande relevância para o sucesso da adoção. Dessa forma, acredito que a disponibilidade para amar é o ponto inicial da adoção. Schettini Filho (2014a) defende que para amar o filho não é preciso conhecê-lo ou mapear seu caráter. O amor se estabelece a partir do desejo e disponibilidade para ter um filho e querê-lo incondicionalmente, mesmo que ele não corresponda às expectativas nem preencha os ideais parentais. Assim, conclui o autor, a tentativa de realizar por inteiro as fantasias sobre o filho é impossível e imprópria para uma relação parental. Nesse mesmo sentido foi o discurso de outra mãe adotiva: *"Você tem que saber realmente o que quer ou não. Se eu decidi que quero não vai ser aquela pessoa contrária que vai me fazer desistir. Precisa ser sincero ao seu perfil e se dispor a cumprir toda trajetória. Preciso ser sincera comigo mesma".*

O último depoimento, em Olinda, causou mobilização ainda maior nos pretendentes. Em relato emocionado e demonstrando sentimento de felicidade e satisfação pelas adoções bem-sucedidas, um casal apresentou seus três filhos adotivos. O pai declarou: *"Quando nos ligaram e disseram que ela era doente, tivemos medo no início, mas fomos conhecê-la. Quando olhamos para ela, vimos que era a nossa filha e que faríamos o melhor que pudéssemos por ela".* Os pais adotivos relataram como a disponibilidade interna para amar, independente das dificuldades apresentadas, os ajudou a descobrir o que a filha tem de possibilidades. *"A gente sabia que encontraria dificuldades e nossa maior preocupação foi se teríamos condições de pagar o tratamento dela, mas isso não nos assustou porque já era nossa filha"*. Os pais relataram ainda como foi a adaptação às necessidades da filha. Pouco tempo depois, o casal recebeu outro telefonema da Vara da Infância, informando que o irmão biológico da sua filha, com um ano, estaria disponível para a adoção, com suspeita de ser soropositivo. O casal resolveu adotar a criança, independente do resultado dos exames que, após várias testagens, foi negativo para HIV. Apesar da preocupação dos pais em relação aos recursos financeiros para garantir a assistência e tratamento da criança ser frequente nos depoimentos, a condição de saúde atua e intensifica a construção de vínculos afetivos entre adotantes e filhos adotados, devido ao aumento da demanda por cuidados, dependendo das barreiras físicas e atitudinais que essas crianças vivenciam (MOZZI; NUERNBERG, 2016).

Todos os pais adotivos que deram seus depoimentos mencionaram *"[...] a segurança no apoio da equipe técnica da Vara durante o processo"*. Outra mãe verbalizou: *"O curso nos dá uma segurança maior, tira muitas dúvidas"*. Fica evidente a importância de a equipe se colocar disponível para acompanhar e amparar essa família que está nascendo. Nesse sentido, penso que a equipe técnica judiciária tem uma função para além da objetividade jurídica dos trâmites da adoção. Ultrapassa o que Zanetti *et al.* (2013, p. 22) definiram como o trabalho do psicólogo, profissional da Justiça, da Infância e Juventude, em um processo de adoção: "formula resposta aos quesitos que auxilia o juiz em questões técnicas, a partir de uma pesquisa realizada com as partes (criança, família de origem e substituta)".

<u>Os encontros de Recife</u> contaram com o depoimento de um casal homoafetivo. O casal iniciou o relato de experiência pontuando como a sua participação nos encontros de preparação o ajudou a relativizar o perfil da criança desejada. O projeto inicial era a adoção de *"[...] um bebê que deveria nascer e ir direto para o convívio da família adotiva, pois assim estariam mais próximos possível do natural"*. Esse relato retrata o imaginário social ainda predominante que enfatiza os laços de sangue como constituintes da instituição família. Acredito ser esse imaginário um dos motivos que dificulta a adoção de crianças mais velhas e adolescentes. Talvez quando os pretendentes e as famílias adotivas conseguirem neutralizar a pressão social pelo filho natural, não precise mais fingir que aquela criança é filha biológica e abra espaço para a adoção de crianças mais velhas e adolescentes, bem como torne desnecessário o segredo sobre a origem da criança. Morelli, Scorsolini-Comin e Santeiro

(2015) observaram que a preferência por bebês costuma ser justificada pela ilusão de que são mais adaptáveis, fáceis de serem "lapidados" e de que isso seria possível dando os primeiros cuidados, imitando a família biológica.

Após o casal redesenhar o projeto, decidiu adotar crianças mais velhas sendo efetivada a adoção de duas irmãs: *"Elas estavam tão ansiosas quanto a gente para construir a família"*. Percebi que tanto os pais quanto as meninas apresentavam disponibilidade psíquica para a adoção recíproca e a construção da nova família. Tendron e Vallée (2007) afirmaram que o sentido de pertença deve ser recíproco tratando-se de uma operação simbólica que só é realizada se a criança reconhece seus pais adotivos em sua função parental e se os pais, por sua vez, se reconhecem na criança. Se ela se sente insuficientemente afiliada, pode se voltar para seus pais biológicos e idealizá-los.

Esse relato de experiência foi muito rico do ponto de vista de conteúdo. O casal abordou os desafios do período de adaptação que incluíram a testagem do afeto e da confiança por parte das meninas: *"A gente sabia que a adaptação nem sempre é tranquila. Na primeira semana não dormiram com medo do escuro"*. Esse dado é bastante significativo. O medo do escuro, do que não se vê, não se conhece, daquilo que não se pode controlar. Acrescentaram: *"A parte da adaptação tem seus desafios. Elas testavam, faziam coisas erradas, depois se sentiam seguras e confiantes"*. Levinzon (2013) destacou que, como tentativa de elaborar o trauma vivenciado, a criança procura encontrar uma forma de transformar em ativa uma situação que a dominou passivamente. É nessa lógica que a criança procura provocar nos pais um desejo de abandoná-la, como forma de estar no controle do "ser mandado embora".

A percepção da nova situação se deu em tempos diferentes para as duas crianças. A mais nova só iniciou a testagem após três meses, quando percebeu tratar-se de uma situação permanente: *"Depois que caiu a ficha que era permanente, ela começou a testar a segurança e a confiança no amor"*. Fazia birra, depois sentia culpa e procurava o colo dos pais, que não se mostraram afetados com as provocações. De acordo com Winnicott (1941 apud PHILLIPS, 2006, p. 106), a criança precisa testar repetidas vezes a habilidade parental para continuar sendo bons pais, apesar de qualquer coisa que ela possa fazer para machucá-los ou chateá-los. Caso os pais sejam consistentemente resilientes e não a rejeitem, a criança gradualmente se convence do amor parental e passa a acreditar nesse ambiente suficientemente bom e a confiar neles. Nesse mesmo viés, Bowlby (2001) afirmou que nada ajuda mais uma criança do que poder expressar, de modo direto e espontâneo, seus sentimentos de hostilidade e ciúme e que não existe tarefa parental mais válida do que aceitar tais expressões com serenidade.

Um dado digno de nota foi a regressão das duas crianças a estágios anteriores do desenvolvimento. Expressaram fala infantilizada, pediram para usar fraldas e tomar mingau na mamadeira apresentando assim demandas de maternagem inicial. Levinzon (2015) observou que é comum, nos casos de adoção de crianças maiores, elas apresentarem comportamentos regressivos. Isso ocorre porque a adoção adquire o sentido de um novo nascimento, passando por um parto difícil e laborioso, mas que lhes permite a retomada no desenvolvimento.

Quanto aos pais, *"[...] relataram medo de não serem reconhecidos na função paterna e que as dificuldades iniciais fossem características permanentes da personalidade"* das filhas. A esse respeito, Schettini Filho (2014a) observou que o medo de terem sua autoridade contestada por não serem pais biológicos e de se confrontarem com comportamentos inadequados e socialmente reprováveis, à semelhança do que supõem dos pais de origem, são frequentemente apresentados pelos pais adotivos.

Os pais trouxeram ainda o apoio da família ampliada como fator de extrema importância na adaptação da nova família. Entendo que o período de adaptação é uma fase peculiar e delicada para toda família, especialmente para a criança, frente à sua imaturidade psíquica. A criança precisa reconstruir modelos de pais, de família e do novo ambiente social. Quando ela chega, em geral, ela não é só filho (a), pois existe uma família extensa que precisa apropriar-se da sua existência e lhe dê condições para construir um sentimento de pertença, preservando assim sua integridade psíquica. Acontece que, como destacaram Levy e Gomes (2017) e Dias (2006), elaborar a ideia de que aqueles desconhecidos serão, a partir de agora seus pais, irmãos, avós, tios, enfim, sua família, nem sempre é uma tarefa fácil para a criança. Assim, a esperada construção de novos vínculos socioafetivos esbarra em compreensíveis manifestações de resistência por parte da criança que teme uma nova rejeição. No meu entendimento, essas mudanças subjetivas são as que causam mais impacto no contexto familiar.

No caso de adoção relatado, as crianças não tinham contato com a mãe de origem, mas mantinham contato com os outros três irmãos adolescentes, que também foram abrigados, e, posteriormente, retornaram à família original. De acordo com o relato dos pais, o vínculo fraterno é muito forte, inclusive, durante o abrigamento o irmão mais velho exerce a função de proteção e cuidado às irmãs mais novas. Os pais, sensivelmente, reconhecem a importância desse vínculo e da sua manutenção. Levinzon (2015) defendeu que não se deve exigir dos filhos adotivos que apaguem os elos afetivos que mantêm com a família de origem ou com as pessoas da instituição onde viviam. Eles precisam ser aceitos com as experiências que estão registradas neles, assim como com seus sentimentos verdadeiros.

4.1.3 Questões suscitadas nos pretendentes diante da experiência do encontro de preparação

Durante o encontro em Olinda houve espaço de diálogo entre a equipe técnica e os pretendentes, o que propiciou o surgimento de outras questões que apareceram como inquietações. Um requerente perguntou: *"[...] se o filho quiser conhecer a mãe biológica?"*. A psicóloga da Vara esclareceu assegurando que *"o que ele* (o filho adotivo) *deseja conhecer é a sua história, ele não deseja trocar de pai e mãe"*. Sobre esse aspecto, Schettini Filho (1998) considerou que os filhos que se lançam à busca dos pais biológicos não estão movidos pelo interesse em abandonar seus pais adotivos, mas impulsionados pela necessidade de preenchimento de uma lacuna histórica. Assim, a busca se trata de uma reafirmação do vínculo afetivo com os pais adotivos. A psicóloga afirmou ainda que *"[...] o 'patrimônio' da criança adotada maior é o nome e o corpo"*. Do ponto de vista da psicanálise, essa afirmação é bastante significativa uma vez que, em seus fundamentos, o corpo é atravessado pela linguagem. O corpo da criança é objeto de investimento libidinal dos pais, tornando-se um elemento fundamental para a constituição do narcisismo originado na primeira infância. Isso possibilita situar o corpo no seio da dialética da interação com o outro, permeada pela textura do mundo simbólico e da linguagem. Antes de a criança nascer, e até mesmo de ter acesso à palavra que permitirá a designação de si mesma pelo uso do pronome Eu, ela já se encontra inserida em um mundo de relações que lhe permite ter um corpo imaginariamente concebido como sexuado e autônomo, fundado no desejo materno e ocupando um lugar essencial no mito familiar (AULAGNIER, 1999). O nome próprio dado pelos pais introduz um significante que referencia a criança ao mundo da linguagem e às relações partilhadas com o Outro. Ao mesmo tempo, como elemento ligado ao corpo e à presença do outro, o nome próprio contribui de forma importante para a estruturação da imagem do corpo e constituição do núcleo daquilo que a criança vive como sendo Eu. Introduz-se a relação do sujeito com o Outro e a problemática narcísica.

Como mencionei anteriormente, algo já está inscrito na criança pela sua própria história e que ela traz também na representação do seu nome com o qual ela já se reconhece. Quando uma criança maior é disponibilizada à adoção há uma ruptura das relações partilhadas primeiramente. Ela encontra-se então deslocada desse lugar simbólico no mito familiar original de que trata a psicanálise, à espera de um novo lugar, em uma nova família. É nesse sentido que entendo o termo "patrimônio" utilizado pela psicóloga. A criança maior tem seu nome e seu corpo atravessados pela linguagem da família biológica, pela sua história passada e, quando há a ruptura, a destituição do poder familiar, o que resta à criança é seu "patrimônio histórico": seu nome e seu corpo engendrados em uma história pregressa.

Sobre tal aspecto, uma pretendente enfatizou a necessidade de se aceitar o filho adotivo e sua história: "*[...] minha mãe dizia: Lembre que ele tem passado! Eu penso que todos os pontos estão ligados ao amor; se você ama, você aprende a conviver com a história dela*". Outra exclamou: "Não se pode 'apagar' os filhos!". De fato, histórias de vida não se apagam, sendo possível, sim, ressignificá-las a partir de relações reestruturantes. Quero dizer com isso que a história inicial do filho adotivo, provavelmente marcada por privações ambientais que influenciam na constituição do seu ego e na forma como esse indivíduo se relaciona com o mundo, pode incorporar novos sentidos, a partir das novas relações que amparem seu desenvolvimento biopsicossocial. Entretanto, entendo que para que essa história possa ser ressignificada é necessário que seja conhecida pelo filho e reconhecida pelos pais adotivos. Significativa foi a declaração de uma requerente que é filha adotiva: "*Quando não se conta a história é como se quisesse fazer de conta que aquilo não existe; o que é muito maluco porque aquilo existe!*". Para Levinzon (2013), a relação saudável entre pais e filhos baseia-se na abertura de diálogo e na honestidade. Omitir ou negar uma informação como essa transmite ao filho adotivo que há algo errado com a adoção. A "revelação", ao contrário, ajuda a criança a desfazer a confusão entre o que se sente e o que se sabe, pois a adoção já é um fato marcado inconscientemente. A autora admite que conversar com a criança sobre a adoção é perturbador para muitos pais adotivos, pois implica tocar em vários aspectos que, por vezes, estão mal elaborados como a infertilidade, a existência de pais biológicos, a experiência de abandono e rejeição da criança, os temores quanto à solidez do vínculo formado, entre outros. Ao passo que, se os pais estiverem tranquilos quanto à adoção, informar à criança sobre sua condição é vivido como algo natural e esperado, ainda que seja um momento de tensão.

O diálogo seguiu com os próprios pretendentes trazendo para reflexão do grupo algumas questões peculiares e comuns à condição da adoção. Uma das requerentes indagou: *"O amor acontece à primeira vista?"*. Ela própria respondeu: *"Não! É uma construção, semente plantada. Não necessariamente vai acontecer"* (amor à primeira vista).

Outras questões foram postas por duas pretendentes: *"Com que idade deve-se contar que a criança é adotada? Como contar à criança sobre sua história?"*. A psicóloga orientou que *"desde cedo deve-se introduzir a palavra 'adoção', sendo o mais importante como a família vai conduzir. Deve ser com naturalidade"* (a revelação). Sobre essa questão incisiva e insistente, Schettini Filho (2014a) defendeu que aos dois ou três anos de idade é uma boa época para se contar a história da adoção. Entretanto, deve-se levar em consideração alguns aspectos como fatores ambientais no grupo familiar e o momento de desenvolvimento de cada criança, uma vez que o momento da "revelação" não deve coincidir com momentos críticos decorrentes do próprio processo de desenvolvimento. No entanto, o autor ressaltou que não há "fórmulas" nem momento exato para se falar sobre o assunto, considerando que é preciso respeitar o tempo subjetivo de pais e filhos. Hamad (2002) sugeriu que se reúnam em um álbum fotografias do período anterior à adoção, incluindo a instituição de acolhimento onde a criança vivia, o momento do encontro com os pais adotivos, até a chegada ao novo lar. "É importante que a criança possa manipulá-lo quase como um brinquedo, que ele seja um objeto com o qual tenha uma relação tátil — não somente visual — e que seja a materialização do que se chamará "nosso encontro contigo" (p. 111). Para o autor, o álbum funciona como um objeto transicional[7] e como uma placenta adotiva que teria essa função de objeto transicional na fala entre a realidade do encontro e a fantasia do nascimento. Entretanto, ressalta que é preferível que nunca haja "revelação", mas respostas às perguntas da criança. Os pais adotivos devem, desde que recebem os filhos, dar-lhes elementos de informações dos quais eles farão a síntese progressivamente, em diversas etapas. Concordo com o autor. Acredito que a verdade velada é sentida de maneira difusa, com contornos indefinidos, deixando margem para muitas fantasias. O desvelar da verdade, o que chamo de "revelação", causará um

---

[7] Para Winnicott (1975), transicional não é o objeto ou o fenômeno propriamente dito, mas sim uma característica de seus usos. É algo que transita entre o mundo interno e o mundo externo que o bebê acaba de encontrar, sem pertencer objetivamente a nenhum dos mundos. O objeto transicional harmoniza os aspectos conflitantes e possibilita que o bebê experimente uma nova realidade sem que ocorra um excesso de tensão que poderia ocasionar uma quebra nesse processo de "vir a ser".

impacto que exigirá grande esforço para o indivíduo se reorganizar. Isso ficou explícito no discurso da técnica pedagoga quando mencionou um caso de adoção em que a filha *"[...] se revoltou quando descobriu. Claro, todo mundo se revolta quando é enganado! Nunca vi se revoltar quando é criado na transparência"*. A técnica completa: *"Fale da família biológica com carinho porque se ela não tivesse gerado, hoje você não teria adotado"*.

Uma questão suscitada por dois pretendentes foi sobre *"[...] a possibilidade de a família biológica reaver a guarda do filho em caso de arrependimento"*. Interessante ressaltar que as informações técnicas e jurídicas do processo de adoção já haviam sido transmitidas, inclusive esclarecendo que, uma vez a criança disponibilizada à adoção, a família biológica perde seus direitos sobre aquele membro. Esse dado é importante, pois permite clareza de que, por vezes, os aspectos emocionais se sobrepõem aos racionais. Algumas comunicações são difíceis de escutar, a depender do nível de ansiedade do receptor e do impacto emocional que ocasionam. Avalio que esse tipo de ansiedade tem como pano de fundo o entendimento de que existe uma ligação indestrutível entre adotandos e pais biológicos, para além da ligação genética. Schettini Filho (1998) referiu a memória como esse elo indestrutível, pois a vinculação histórica entre os pais biológicos e seus filhos, mesmo separados no tempo e no espaço, não se destrói, porque a memória persiste. Entretanto, o autor enfatizou que essa realidade não constitui problema para a relação parental adotiva, visto que "a memória histórica" não altera a ligação afetiva que marca a verdadeira relação pai-mãe-filho.

Um dado digno de nota foi a expressão da preocupação dos pretendentes em relação à adaptação da nova família, pais e filho, bem como sobre a educação doméstica e formal da criança. Sobre tal aspecto, Levinzon (2015) assinalou que crianças adotivas passaram necessariamente por situações de separação antes de ingressar na nova família. Assim, a repercussão dessa experiência de desmembramento dependerá de fatores como a idade da criança, suas características próprias, seu nível de desenvolvimento psíquico, o tempo que passou com as pessoas de quem se separou, o tipo de cuidado que tinha, outras situações de separação e vivência de mudanças importantes. Diante disso, a autora advertiu que é comum que o período inicial de convivência com a família adotiva seja acompanhado por sentimentos pesarosos que o filho adotivo vai precisar elaborar, sendo de extrema importância a compreensão e a tolerância dos pais nessa fase de adaptação.

Em relação ao projeto educativo, Schettini Filho (1998) apontou o afeto como condição primordial para a construção da parentalidade e condução da criança. Além disso, uma caminhada pedagógica saudável e consistente deve atender aos seguintes pressupostos fundamentais: a aceitação incondicional da pessoa do filho e da sua biografia; a elaboração da infertilidade pelo casal, inclusive pelo cônjuge fértil e uma solução emocionalmente saudável em relação à fantasia sobre os pais biológicos. Com essa "arrumação" interna, os pais vivenciarão na prática os valores familiares que desejam transmitir aos filhos. O autor concluiu que "educar os filhos inclui a consideração de tudo o que é relevante para eles" (Schettini Filho, 1998, p. 113).

No que se refere à educação formal, Levinzon (2015) defendeu que os pais devem ajustar suas expectativas quanto ao desempenho escolar do filho adotado. Uma vez que a criança vem de um contexto anterior caracterizado pela privação ambiental, questões emocionais e ausência de estímulos adequados podem ter como consequências dificuldades de concentração e de aprendizagem. No entanto, para a referida autora, mais importante do que apresentar boas notas escolares é se adaptar bem ao novo ambiente. Para tanto, faz-se necessário o apoio da escola no sentido de ajudá-la na integração social bem como mediar as dificuldades que surgirem.

Após os depoimentos dos pais adotivos de Olinda, alguns pretendentes se posicionaram e falaram sobre a importância de se escutar os relatos de experiências nesses encontros: *"Foi ótimo ter trazido os casos de adoção, ajuda a entender muitas coisas"*. Outros afirmaram que *"[...] o encontro de preparação deveria ter sido antes do preenchimento do perfil da criança"*. O desejo de mudar o perfil da criança deixou claro a desmistificação de alguns aspectos referentes ao filho adotivo, como se a partir daquele momento a perspectiva de um filho deixasse de ser preconcebida, como em um projeto desenhado, e se abrisse possibilidade para o desconhecido. Como defendeu Schettini Filho (2014, p. 21), "o conhecimento não é uma condição necessária ao amor. Ama-se e, pelo amor, se conhece".

Em Recife, o relato dos pais adotivos suscitou nos pretendentes algumas questões que dizem respeito aos fantasmas que permeiam o projeto adotivo. Além de vários questionamentos acerca das dificuldades que surgiram no processo de adaptação da nova família, o movimento ansioso dos pretendentes foi em direção à família de origem. Os postulantes desejavam saber se as crianças perguntavam sobre a mãe biológica e se tinham contato com a família original. Sobre tal aspecto, Schettini Filho (2014a) destacou que, embora ausentes, a figura dos pais de origem, por vezes, desestabiliza os pais adotivos. O autor observou que, não raro, pais adotivos expressam medo de serem abandonados pelos filhos, quando eles tiverem autonomia para procurar os pais de origem. Além disso, existe o receio de não estabelecerem um vínculo afetivo forte o suficiente para garantir a estabilidade da relação parental.

4.2 PREPARANDO O "NASCIMENTO" DA CRIANÇA/ADOLESCENTE NA FAMÍLIA ADOTIVA

Nos quadros 2 e 3 são apresentados os dados sociodemográficos das profissionais entrevistadas nas duas Casas de Acolhimento, lócus da pesquisa. Por questões éticas da pesquisa científica, os nomes das participantes são fictícios e foram escolhidos simbolicamente associando uma característica da participante ao significado da flor.

Quadro 2 – Dados sociodemográficos das participantes — Casa A

Nome	Idade	Sexo	Profissão	Tempo de atuação em adoção
Margarida	47	Feminino	Pedagoga	4 anos
Angélica	57	Feminino	Psicóloga	1 ano
Rosa	43	Feminino	Assistente Social	10 anos

Fonte: a autora, 2019

Quadro 3 – Dados sociodemográficos das participantes — Casa B

Nome	Idade	Sexo	Profissão	Tempo de atuação em adoção
Dália	57	Feminino	Assistente Social	5 anos
Magnólia	44	Feminino	Psicóloga	1 anos e 6 meses
Violeta	44	Feminino	Pedagoga	15 anos

Fonte: a autora, 2019

4.2.1 Entendimento dos profissionais sobre os processos de preparação

Nesta categoria estão presentes os conteúdos que reúnem a percepção de que os profissionais têm acerca dos processos de preparação dos postulantes à adoção e dos adotandos bem como o conjunto de ações empreendidas nesse sentido. Esta categoria desdobrou-se nas subcategorias: importância; dificuldades e desafios do processo de preparação.

A Lei n.º 12.010 de 2009 preconiza que a inscrição de postulantes à adoção será precedida de um período de preparação psicossocial e jurídica, orientado pela equipe técnica da Justiça da Infância e da Juventude, preferencialmente com apoio dos técnicos responsáveis pela execução da política municipal de garantia do direito à convivência familiar.

Da mesma maneira, a colocação da criança ou adolescente em família substituta será precedida de sua preparação gradativa e acompanhamento posterior, realizados pela equipe interprofissional a serviço da Justiça da Infância e da Juventude, preferencialmente com o apoio dos técnicos responsáveis pela execução da política municipal de garantia do direito à convivência familiar.

4.2.1.1 Importância dos processos de preparação das crianças/adolescentes e pretendentes

Como as equipes técnicas são responsáveis por conduzir o processo de preparação da criança/adolescente para adoção, faz-se necessário compreender a percepção dessas equipes para além da determinação legal. Nesse estudo foi unânime entre as entrevistadas o reconhecimento da **importância** do período de preparação, tanto dos pretendentes quanto dos adotandos. Para ilustrar essa informação, apresento os discursos a seguir:

> É uma gestação que você (o pretendente) vai vivenciando a partir do momento que você vai ao cadastro [...] então eu digo que essas preparações são os pré-natais onde você vai se fortalecendo, onde você vai vendo o que está indo atrás. (DÁLIA, Assistente Social).

> *Importantíssimo! Não se vê uma construção dissociada, família, adotantes, criança, rede, não existe separação, todos têm que estar com uma só visão. É muito importante preparar os pretendentes*

> *até porque as pessoas não têm ideia, às vezes, do que é adotar. Acha que é só ir se inscrever no cadastro, pegar a criança, levar a criança e criar como filho. Mas as vezes tem conflito exatamente porque não teve essa preparação.* (ANGÉLICA, Psicóloga).

> É uma base principal preparar essas famílias, esses pretendentes a construir uma nova família porque quando chegar um novo integrante vai modificar todo contexto daquela família [...] Essa preparação tem que existir sim e é por ausência dessa preparação que a gente tem casos que não deram certo [...] É importantíssimo! (MARGARIDA, Pedagoga).

> *A preparação é fundamental porque muitas vezes o casal, por falta de apoio, talvez, de uma preparação, não tem a maturidade para lidar com o comportamento daquela criança que está chegando na sua família [...] É importante para minimizar os riscos de uma devolução.* (ROSA, Assistente Social).

Tornar-se pai e mãe envolve a necessidade de restruturação e reajustamento em várias dimensões. É um fenômeno complexo que exige intenso trabalho psíquico, independente da natureza da filiação. Em se tratando da filiação por adoção, é evidente que se tem aspectos adicionais a serem manejados, o que aumenta o nível de complexidade do processo de parentalização. É nesse sentido que percebi o reconhecimento unânime da importância que as entrevistadas conferem à preparação dos pretendentes. Na filiação por adoção, o poder público deve assegurar aos filhos adotivos pais "suficientemente" adequados à função (ZORNING, 2010). Os encontros de preparação, então, seriam o espaço para amadurecimento do projeto adotivo e para que os postulantes revisitem seus desejos, entrem em contato com seus receios, fantasias e com as condições reais de se ligar afetivamente àquele filho pleiteado. Como pontua Levinzon (2015), é essencial que a criança/adolescente seja recebida em um ambiente familiar adequado, entretanto, quando os pais não estão preparados para a adoção, a expectativa de criar um filho, por vezes, esbarra em situações de grande turbulência.

Ainda em relação à importância da preparação da criança, as entrevistadas verbalizaram:

> *A importância é muito grande; seja qual for a idade tem que ter essa preparação. Seja qual for o perfil que a família se cadastrou para receber a criança, da idade, tem que ter essa preparação.* (MARGARIDA, Pedagoga).

> *A estrutura emocional [...] normalmente não é tão forte, é fragilizada e aí a gente faz um fortalecimento, uma ressignificação [...]*. (ANGÉLICA, Psicóloga).

> *A importância maior é que a preparação é primordial para que essa relação que vai ser construída entre adotado e adotante seja construída de uma forma natural e de respeito mútuo. Ela tem que ser construída em cima de uma verdade, sem a negação do que cada um viveu.* (DÁLIA, Assistente Social).

Levinzon (2015) observa que é comum que a criança disponível para adoção tenha passado por situações traumáticas em diversos graus. As experiências de separação da família de origem, de abrigamento, de ser cuidada por intermediários, de sentimentos de abandono e desamparo, por vezes, fazem com que a criança manifeste resistência a novos vínculos devido ao receio de uma nova rejeição. Soma-se a isso a pouca habilidade dos adotantes para lidar com tais manifestações como apontaram Contente, Cavalcante e Silva (2013). Assim, noto que, em última análise, a importância que as técnicas conferem às preparações dos candidatos e dos adotandos é no sentido de proteger a esperada construção de novos vínculos da criança/adolescente. É por lidarem com casos de devoluções que as técnicas reconhecem a urgência das ações que minimizem os riscos. Isso fica claro em um relato:

> *Se esse pretendente não tiver a devida preparação, a chance de um fracasso é bem maior. Quando eu coloco a questão do fracasso, é uma devolução. E uma vez essa criança retornando para a instituição, ela volta mais desarrumada do que chegou, quando foi retirada da sua família de origem. É mais danoso pra essa criança do ponto de vista social, psicológico e também mais trabalhoso pra gente porque aí a gente vai ter que começar tudo de novo. Vai ter que, digamos, dar um tempo pra essa criança se organizar novamente para poder prepará-la para uma outra inserção. Mas a preparação é de fundamental importância pra ajudar, pra apoiar essa família a lidar com as dificuldades daquela criança, daquele adolescente, que venha a surgir. Eu costumo dizer, o pretendente tem que ser maduro o suficiente para lidar com essas dificuldades e também não devolver na primeira dificuldade que encontrar.* (ROSA, Assistente Social).

4.2.1.2 Dificuldades e desafios para a preparação da criança/adolescente à adoção

Entre as **dificuldades** e **desafios** encontrados na preparação da criança para adoção, três entrevistadas relataram o prazo curto ou inexistente do judiciário, para as equipes trabalharem com a criança seu ingresso na nova família:

> *A gente procura o máximo começar essa preparação e às vezes quando ela não acontece a contento, é justamente se já vem uma determinação judicial, antes de uma equipe de acolhimento ser preparada pra uma adoção.* (DÁLIA, Assistente Social).

> *O tempo em que a criança é destituída, porque, às vezes, leva muito tempo para ser destituída, mas o tempo em que ela é destituída para o tempo em que chegam os pretendentes é rápido. Esse tempo é uma das coisas que trava mesmo a questão. Porque a gente não tem um tempo hábil para essa preparação que poderia ser de meses para você dizer que está mais ou menos preparada. Só na convivência, só no dia a dia mesmo é que vão surgindo as questões, mas pelo menos a criança está aceitando isso, começa a aceitar.* (VIOLETA, Pedagoga).

> *O prazo também, tem que ser no tempo que a lei exige, também tem que trabalhar. Acho que o desafio está nesse tempo aí e que nem sempre o tempo da lei é o tempo das crianças, de trabalhar essas questões.* (MARGARIDA, Pedagoga).

Paiva (2014) chamou a atenção para as diferenças entre tempo jurídico, tempo cronológico e tempo psíquico, entretanto, ressaltou que todos os atores envolvidos no processo de adoção ficam pressionados pelo tempo cronológico que pode enviesar a escolha mais adequada de uma família para uma determinada criança ou o tempo psíquico da criança.

Outra técnica verbalizou uma dificuldade que também tem relação com o tempo jurídico:

> *[...] A oferta de pretendentes. Porque como a maioria são crianças acima de 7 anos, então a gente dificilmente recebe visita de pretendentes à adoção pra essas crianças. O tempo de adoção [de espera para adoção] ele aumenta e isso dificulta um pouco o desejo dessa criança. Muitas vezes eles perdem até a esperança de que vão ser adotados um dia [...] Por mais que a gente prepare eles pra adoção, se eles não vivenciarem, pelo menos ver que o colega,*

> *o amigo, outro acolhido está sendo adotado, quando uma criança é adotada acontece que isso mexe muito com a dinâmica da casa. Os outros viram que uma criança ou adolescente foi adotada, aí eles começam a procurar a equipe. "Tia, eu quero ser adotado também, tia quando é que eu vou ser adotado? Quando é que eu vou conhecer meu pai, minha mãe? (ROSA, Assistente Social).*

Ao analisar esses relatos, evidencio os impasses postos pela regulação da lei diante do impossível de atender integralmente às necessidades das crianças e adolescentes que precisam de uma família. Por um lado, há de se cuidar dos critérios para destituição do poder familiar, por outro, há de se priorizar o melhor interesse da criança/adolescente. Quanto maior morosidade no processo de destituição, mais a criança vai perdendo a oportunidade de ser adotada, visto que vai se distanciando do perfil da maioria dos habilitados. Quando, enfim, a criança fica disponível para adoção, os prazos legais já estão se esgotando e precisam fazer-se cumprir, comprometendo assim o tempo de preparação emocional do adotando para ingressar na nova família. No esforço de criar mecanismos que deem celeridade ao processo de adoção, evitando assim uma institucionalização prolongada, a Lei n.º 13.509 de 2017 alterou o Estatuto da Criança e do Adolescente incluindo novos critérios para a extinção do poder familiar, que minimizam o tempo para disponibilizar a criança para adoção, especialmente os recém-nascidos e as crianças menores.

Apareceram ainda nos relatos como dificuldades, a quantidade de trabalho e atribuições da equipe técnica que precisa também atender aos prazos determinados pelos juízes. Esta afirmação fica clara na narrativa:

> *As questões práticas do dia a dia tiram um pouco da escuta da gente porque as coisas emergenciais a gente tem que fazer. Porque se não fizer você também não vai conseguir avançar [...] Às vezes você está fazendo um atendimento, mas tem que correr pra fazer uma intervenção. Então você tem que correr para dar conta do relatório que o juiz está pedindo [...] Às vezes essa correria da questão burocrática é que impede muito da gente se aprofundar mais e disso ter um fruto maior, de maior qualidade. (DÁLIA, Assistente Social).*

> *Eu vejo no dia a dia que a equipe técnica tem essa dificuldade: prazo pra atender o judiciário e outras questões. (MARGARIDA, Pedagoga).*

> *Nós temos equipe para 20 acolhidos e hoje temos 31 na casa [...] A gente tem problema de espaço mais adequado e reservado para atendê-los.* (MAGNÓLIA, Psicóloga).

As dificuldades e os desafios relatados anteriormente não são exclusivos dos profissionais das casas de acolhimento. Em pesquisa com psicólogos e assistentes sociais que compõem as equipes psicossociais do judiciário do Rio Grande do Sul, Silva *et al.* (2017) constataram que esses profissionais, responsáveis pela "colocação" da criança no processo de adoção, apontaram como aspectos negativos nesta etapa: a demanda excessiva de trabalho; a falta de celeridade no processo; as mudanças constantes de estrutura e funcionamento das equipes; a falta de procedimentos padronizados; a necessidade de cumprimento de prazos e metas. Nesse estudo, tais aspectos negativos foram apontados como um empecilho na qualidade dos resultados almejados pela equipe.

Surgiram ainda relatos de dificuldades em relação a casos com particularidades como aqueles provenientes do interior de Pernambuco ou transferidos de comarca, como expressaram as entrevistadas:

> *A principal dificuldade é quando a gente tem poucos elementos, poucas informações daquele caso [...] A gente recebe, mas não tem muitos elementos, não tem relatório com história de vida, não tem acompanhamento. Então, as informações, às vezes, a gente se depara com poucas para poder trabalhar. Pra dizer: essa criança, a família era assim, ou, ela já foi adotada, já teve outras tentativas e não deram certo, o porquê não deram certo [...] Eu acho que é um impasse a questão da equipe técnica da vara que deve dar mais esse retorno pra equipe da instituição pra ela poder trabalhar.* (MARGARIDA, Pedagoga).

> *As varas dos municípios (do interior) não têm equipe técnica. As varas encaminham para o Creas. Não tem estudo do caso, eles não sabem nada do caso. Quanto mais para o sertão, é pior. A lei não é cumprida. Não existe nenhum acompanhamento. Um juiz sensível da infância e juventude e uma equipe comprometida pra mim é o principal. É uma dificuldade grande. Com a criança a gente tem dificuldades do dia a dia, da fase dela, das dificuldades da casa estrutural, mas nada se compara com as dificuldades de rede, com as dificuldades com os pretendentes.* (MAGNÓLIA, Psicóloga).

Ficou evidente nessas narrativas uma lacuna importante que diz respeito ao trabalho interinstitucional. A articulação entre as equipes técnicas das casas de acolhimento e das Varas da Infância é fundamental para se assegurar o princípio de melhor interesse da criança, que é o maior desafio para todos os profissionais envolvidos e responsáveis por amparar a adoção. Penso que é exatamente essa articulação somada à expertise técnica dos profissionais que possibilita a ponderação entre os três tempos diferentes: jurídico, cronológico e psíquico.

No segundo relato evidencio uma lacuna ainda maior. Nos municípios do interior de Pernambuco as crianças/adolescentes, geralmente, são destituídas do poder familiar sem nenhum acompanhamento técnico. Ainda dentre os desafios apontados pelas entrevistadas, surgiu a questão do preparo, competência e habilidade do profissional responsável pela preparação:

> *O técnico que lida com essa questão, que vai preparar essa família, ele também tem que ser preparado. De que forma ele vai conduzir isso? [...] O que é importante todos que estão envolvidos saber?* (DÁLIA, Assistente Social).

A entrevistada refere a humanização como uma competência fundamental para o técnico:

> *Precisa ser humanizado, entender o que é prioridade, que cada criança é uma criança. O que é importante pra um pode não ser importante para o outro.* (DÁLIA, Assistente Social).

Winnicott (1997 [1953, 1954]) conferiu importância fundamental ao trabalho dos profissionais envolvidos na adoção. Afirmou que o estudo de caso por um profissional competente evita "armadilhas na adoção" e previne desastres. O autor utilizou o termo "armadilha" para se referir a motivações distorcidas para se adotar um filho. Lembrou que, quando se entrega uma criança para pais adotivos, altera-se toda a vida deles, pais e filhos. Assim, uma adoção fracassada normalmente é tão desastrosa para a criança que teria sido melhor não a ter feito.

Uma entrevistada mencionou a dificuldade na preparação devido à desorganização emocional com que as crianças chegam, enfatizando uma adversidade ainda maior no que se refere aos adolescentes, como apresentado no relato a seguir:

> *O que mais dificulta é o adolescente mesmo, na conversa, não se permitir a. Como eu disse, eles chegam tão sofridos que às vezes ficam tensos [...] às vezes a equipe entender [tem dificuldade] que são adolescentes [...] As vezes até os educadores complicam. A gente precisa ter uma equipe mais unida [...] Depende também de como as crianças chegam, da história de vida dela. Tem umas*

> *que foram muito espancadas [...] então elas têm uma reprodução disso aqui, da agressividade que viveram. Chegam aqui bastante agressivas. Com o tempo é que a gente consegue diminuir mostrando a elas que não é assim. Mas chegam bastante agressivas, quebrando tudo, batendo nas outras, palavrão que nem sabe o que está dizendo, mas diz porque está reproduzindo. Reproduzindo o ambiente em que viveu antes de vir pra cá. São crianças bem difíceis de início. Nada que, com o tempo, com carinho, com atenção não faça mudar. Mas a primeira semana geralmente é bastante difícil. Essa criança para entrar para adoção dá mais trabalho.* (MAGNÓLIA, Psicóloga).

Esse relato indica a necessidade da habilidade profissional da equipe para lidar com as expressões desorganizadas da criança/adolescente. Como a própria entrevistada observou, os filhos destituídos do poder familiar o foram após passarem por violências e/ou privações extremas. Além do vivido antes do acolhimento, precisam elaborar vários sentimentos e ambivalências frente à nova realidade. Bowlby (2002) apontou os efeitos perniciosos da privação da função materna de cuidado e afeto. A depender do grau de privação, o autor identificou a presença de forte angústia, carência afetiva, sentimento de vingança, culpa e depressão, podendo ter um alcance ainda maior mutilando totalmente a capacidade de estabelecer relações com outras pessoas. Assim, excessos e um certo desajuste de comportamento são reações naturais ao sofrimento psíquico, exigindo a sensibilidade, maturidade e competência da equipe para ser continente dessa angústia e dar contorno à criança/adolescente, proporcionando-lhe alguma segurança que lhe possibilite se adaptar à sua nova condição.

4.2.2 A prática de preparação das crianças para adoção

Esta categoria reúne os conteúdos acerca dos procedimentos adotados pelas equipes das Casas de Acolhimento no processo de preparação dos adotandos para o ingresso na nova família.

Um investimento maior no sentido de preparar o adotando para o ingresso na família adotiva justifica-se pelo entendimento da importância de se escutar a criança/adolescente em suas necessidades, sentimentos e emoções, bem como de estar respaldado na ideia de que a criança também precisa adotar psiquicamente as novas figuras parentais.

Em relação às práticas adotadas pelos profissionais na preparação da criança para ingressar no novo lar, foi possível perceber que há diferenças entre as equipes, diferindo inclusive dentro da mesma equipe. Percebi que não existe uma sistematização do trabalho de preparação, ficando ao encargo de cada técnico abordar o tema que achar necessário, de acordo com seu entendimento pessoal, correndo o risco de colocar seus ideais em detrimento do que de fato a criança/adolescente sente como necessidade. Sobre tal aspecto, Paiva (2014) afirma que o modo de intervenção escolhido pelos profissionais é determinado pelas representações conscientes e inconscientes acerca da infância e da subjetividade infantil que, em última análise, estão relacionadas com as vivências de sua própria infância. Acrescento ainda que são determinados também pela concepção de família que aquele profissional possui. Para ilustrar minha afirmação, seguem os discursos acerca do processo de preparação:

> É uma preparação muito nossa. Não tem nada que seja protocolo, não existe um protocolo para isso. (MAGNÓLIA, Psicóloga).

> *Existe, e a gente orienta a criança na condição de compreender a dinâmica de uma família. Responsabilidades, deveres e obrigações. Ela vai ter deveres, obrigações, vai ter lazer, vai ter afeto. A construção de uma família é tudo isso envolvido em que ela vai estar, e nós estamos construindo nela esse contato, esse envolvimento. Vai acontecer momentos em que ela, a família parece não estar atendendo, compreendendo, vai ter diferença de opinião, e a gente vai construindo como a gente constrói com o filho da gente, vai orientando, vai formando a criança. A gente prepara muito ela nesse sentido, eu gosto muito de falar na questão de relacionamento, eu priorizo muito o relacionamento interpessoal, mas que a gente tem que fazer uma construção interior nessa criança aqui dentro, tem que fortalecer. Para ressignificar a vida dela ela tem que estar fortalecida nela [...] Para estar aqui ela vivenciou essa decepção porque ela foi negligenciada, ela foi relegada a segundo plano, então a gente, eu tento fazer com que ela se sinta no plano real, no plano de não rejeição, mas de uma aceitação de acolhida, que ela crie uma expectativa de uma família harmoniosa e aí eu vou pegando da criança o que ela gosta, o que é importante para ela, para fortalecer e o que é desagradável desconstruir pra reconstruir com uma nova proposta. A proposta emocional, educativa, familiar.* (ANGÉLICA, Psicóloga).

A criança e/ou o adolescente que passa por um acolhimento institucional, medida protetiva de alta complexidade, traz consigo as marcas do abandono, do sofrimento e, às vezes, da desesperança em novas relações parentais ou mesmo afetivas (MENEZES; DIAS, 2018; LADVOCAT, 2014; WINNICOTT, 1997). Dessa maneira, o trabalho de reconstrução da sua autoestima, de valoração da sua história, mesmo que repletas de perdas e danos, e de vinculação afetiva exige um manejo técnico sensível que penso apenas ser possível por meio da escuta atenta e empática. Antecipar-se às necessidades da criança/adolescente e fomentar expectativas que podem ou não se concretizar, é conduzir o processo sob suas concepções de mundo, não reconhecendo o adotando enquanto sujeito de desejo. Defendo a necessidade de se escutar quais são as expectativas da criança/adolescente, seus lutos, angústias, receios, que família idealizou para assim fazer uma aproximação com o real.

Outra entrevistada trouxe uma questão importante respaldada pelo ECA, em seu Art. 28, §1º, o qual menciona que, sempre que possível, a criança ou adolescente deverá ser previamente ouvido por equipe interprofissional, respeitado seu estágio de desenvolvimento, e sua opinião será devidamente considerada nas situações de colocação em família substituta. Identifiquei no relato a seguir que o entendimento sensível da técnica corrobora com as questões legais que concebem a criança/adolescente enquanto sujeito de direito:

> *Cada criança tem um tempo. Então não é algo mecânico que a gente diz: "olhe você vai ser adotado, você vai pra essa família". A gente pergunta primeiramente se ela quer ser adotada, dependendo da faixa etária, obviamente, e a gente tenta primeiramente respeitar a opinião daquela criança. Não é porque a gente entende que a adoção seja melhor pra aquela criança que o nosso desejo vai prevalecer. A gente primeiro pergunta se ela tem o desejo de ser adotada, se ela não tiver, obviamente a gente vai tentar sensibilizá-la, mas se ela não tiver de jeito nenhum, a gente relata isso para o juiz.* (ROSA, Assistente Social).

Ao tratar o tema da preparação da criança/adolescente para a adoção internacional, Paiva (2014) pontuou que os programas e as ações voltadas à infância e juventude devem priorizar a perspectiva do seu melhor interesse e das evidências de que é um ser capaz de apreender, decodificar e compreender o mundo à sua volta. Ressaltou como ponto inicial o processo de sensibilização da criança/adolescente e sua tomada de consciência sobre a necessidade da medida protetiva de colocação em família substituta na modalidade de adoção internacional. Entendo que esses aspectos são primordiais em qualquer modalidade de adoção. É fundamental que a criança/adolescente entre em contato com sua realidade para que, a partir dela, tenha condições de elaborar seus sentimentos e lutos, ressignificando sua história e abrindo-se para novas possibilidades de vínculos.

As narrativas de duas entrevistadas deixam evidente que a prática atual de preparação da criança é insuficiente face a complexidade do processo de adoção:

> *A instituição prepara, trabalha, tenta, faz o seu papel, mas diante de uma situação bem maior que é a adoção, é pouco. Eu queria ter uma preparação de uma forma geral. Inclusive deveria ter uma sequência de encontros pontuais, deveria ter uma sistematização, uma continuidade desses encontros, dessas crianças para adoção [...].* (MARGARIDA, Pedagoga).

> *Quem faz a preparação da criança é a instituição de acolhimento e, na minoria das vezes [em poucos casos], a gente consegue fazer uma preparação se a criança demora a sair da instituição. Mas se ela entra no cadastro e em pouco tempo ela sai, a gente não consegue fazer uma boa preparação. E os procedimentos dentro da casa de acolhimento não são específicos só para adoção, que eu acho que é o X da questão. Porque se os psicólogos que ali trabalham estivessem focados só nessa questão da adoção, os técnicos, os funcionários, todo mundo trabalharia com uma outra conotação, seria muito mais proveitoso, aí sim haveria uma preparação bem-feita.* (VIOLETA, Pedagoga).

Esses relatos expõem a necessidade de se sistematizar a prática de preparação para a adoção, que ultrapassa a ação isolada do técnico de referência da criança/adolescente na casa de acolhimento. Silva *et al.* (2017) observaram que a ausência de uma metodologia consensuada fragmenta o trabalho de preparação. Uma vez que as práticas são dissociadas, o trabalho é dividido em tarefas muitas vezes não integradas. Além disso, o fato de não existir um protocolo de atuação implica também na falta de consenso sobre o papel do psicólogo e do assistente social nesse contexto que acarreta a sobreposição das funções e a perda da contribuição específica de cada formação. Por esse viés, Contente, Cavalcanti e Silva (2013) pontuaram que a recente demanda da legislação evidenciou a dificuldade de elaboração de estratégias metodológicas adequadas e que será preciso um certo tempo para que os profissionais envolvidos consigam realizar as adequações necessárias para a eficácia do trabalho.

Uma entrevistada é da opinião de que a preparação da criança/adolescente deveria ser realizada de forma interdisciplinar e interinstitucional com as equipes técnicas das casas de acolhimento e das Varas da Infância, como mostra o seguinte:

> [...] A preparação não deveria ser somente pontual ou individual ou somente a equipe técnica da instituição [...] deveria ter parceria com as equipes das comarcas pra escutar também essas crianças para o processo seletivo desses pretendentes. E também deveria ter a questão da continuidade, grupos, eventos. (MARGARIDA, Pedagoga).

Essa visão corrobora com o que Silva *et al.* (2017) acreditam. As autoras entendem como fundamental que a etapa possa ser conduzida pela equipe do judiciário, com auxílio dos profissionais da instituição de acolhimento, uma vez que esses possuem maior conhecimento sobre a história e o perfil da(s) criança(s) envolvida(s). Afirmam ainda que a realização desse importante processo somente pela equipe das instituições de acolhimento contribui para uma precarização do trabalho das equipes do judiciário.

Essa entrevistada levantou questões acerca da preparação que suscitam dúvidas e inquietações entre os estudiosos do tema. Além do enquadramento e da regularidade do trabalho, a participante mencionou o tempo de iniciar as intervenções de preparação da criança, como explícito no discurso:

> [...], mas a preparação deveria ser a partir do momento que a criança foi destituída [...] Então a partir da destituição é que deve trabalhar incessantemente, constantemente essa questão da adoção, da aceitação à nova família, da família substituta. Porque eles vão estar mais abertos para aceitar. (MARGARIDA, Pedagoga).

Outra entrevistada de casa de acolhimento distinta relatou tal prática efetivada na sua instituição de trabalho:

> É uma preparação nossa mesmo que vai de acordo quando é destituído, quando a gente tá vendo que o processo vai levar para [extinção do poder familiar]. A gente já começa a diminuir esse contato com a família [de origem], a falar sobre adoção, a mostrar a importância da adoção, de casos que deram certo e a possibilidade de [dar certo]. Então, a preparação que a gente tem é essa. Tem dado certo em alguns casos, em outros não. (MAGNÓLIA, Psicóloga).

Levy e Gomes (2017) problematizaram a questão do tempo de início de preparação a partir da destituição, contrapondo à possibilidade de a adoção nunca ocorrer, ou ainda, quando, não raro, o estágio de convivência se inicie quase que imediatamente, sem que haja tempo para preparação.

Por outro lado, Paiva (2014) defendeu que a criança deve ser acompanhada pela equipe técnica da Vara da Infância, sistematicamente, desde o início do processo de destituição do poder familiar. A autora fundamentou seu argumento ressaltando que quando a criança é afastada do seu grupo de origem, é preciso que se criem condições para que ela possa entender as mudanças pelas quais passou abruptamente, sendo propiciada a oportunidade para ela ressignificar angústias e elaborar o vivido.

Para uma entrevistada, a escuta do adotando surgiu como elemento fundamental no processo de preparação:

> *A escuta é primordial nessa preparação. Se ouvir de fato vai perceber as possibilidades, vai ser mais fácil o caminho até para escolher os pretendentes, pra atender o perfil. As famílias vêm, mas, na realidade, as crianças estão muito mais preparadas que as famílias[...]. Se não existir essa preparação das crianças, não existe adoção, porque eles vão sinalizar. Os maiores vão dizer na hora: "não quero, não quero e não vou" e não vai. Mas se eles tiverem prontos, se estiverem trabalhados eles vão ver que há possibilidades e que são bem maiores de dar certo.* (MARGARIDA, Pedagoga).

Trata-se então da escuta do que está inaudível, ou seja, do conteúdo subjetivo, das palavras que demandam um desejo do sujeito ser compreendido em sua dor. Dolto (2013) referiu uma ética no atendimento às crianças que tem como fundamento a linguagem. Essa ética implica respeito à singularidade da criança, a escuta da sua verdade simbólica, o reconhecimento do seu desejo. Confere importância fundamental às palavras dirigidas à criança e ditas na sua presença. É a partir dessa escuta que se pode pôr em palavras, nomear essa verdade, desejo e afetos da criança possibilitando que ela se aproprie da sua realidade e possa se colocar diante dela como sujeito. A autora pontuou que tão importante quanto escutar a verdade da criança é dizer-lhe a verdade para que aprenda a lidar com ela. Para a referida autora, "toda provação é um trampolim, toda castração é estruturante" (DOLTO, 2013, p. 16). Quando o adulto não diz a verdade, além de ludibriar a criança impossibilita sua elaboração. Ademais, se há algo a esconder, significa que aquele adulto acredita ser uma verdade prejudicial e não pode aceitá-la, reforçando fantasias desnarcisantes na criança.

Foi importante compreender a percepção de que as técnicas entrevistadas têm acerca das práticas de preparação nas casas de acolhimento que visam à transição instituição — nova família, em busca da construção de novos vínculos. A análise dos diversos aspectos relatados nas entrevistas nos forneceu elementos para pensar um modelo de atuação, com o intuito de apoiar ainda mais o projeto adotivo e fazer cumprir efetivamente os direitos da criança/adolescente.

4.2.3 Aspectos importantes a serem observados no processo de adoção mútua

Nesta categoria estão incluídos os conteúdos relativos aos aspectos subjetivos que devem ser cuidadosamente observados na aproximação adotantes-adotandos.

As profissionais entrevistadas chamaram atenção para a importância de se observar **o desejo e as expectativas** dos adotantes ainda nos contatos preliminares com o adotando, mesmo que eles já tenham passado por todo processo de preparação para adoção nas varas nas quais se inscreveram e já estejam habilitados. A percepção desse desejo ocorre pela interação dos futuros pais com os futuros filhos, por meio do diálogo estabelecido com eles, do seu conteúdo, do comportamento, expressões físicas e corporais diante do adotando. Encontrei esses dados nos relatos que se seguem:

> [...] a prioridade é entender o que levou o casal [...] a querer um filho de fato. É o desejo de ter uma família, de ter filhos, de ter essa experiência de educar, cuidar, de ter essa relação de pais e filho ou apenas porque queria ser diferente pra sociedade? [...] a gente vai ouvindo aquele casal e percebe de uma forma muito clara se tem o desejo de ter um filho independente de ter vindo de uma gravidez, de uma forma natural. Eu costumo dizer que a adoção é uma gravidez fora do corpo [...] a gente não está falando de uma cartilha onde existem critérios para dar certo ou não dar. A adoção é construída a partir do momento que você tem esse desejo. [...] Você tem que estar disposto a perder noites como você perde com o filho biológico, você tem que ter o tempo para cuidar e ter tudo que você precisa para educar um filho. Isso também vai acontecer com um filho adotivo. Ele não é diferente [...] Vivi experiências de casais que vêm buscar uma criança para adoção como se fosse um troféu. Aquela boneca não está dentro dos meus modos, ela não se adequou a mim [em casos de devolução]. Não é a criança que tem que se adequar ao adulto. Os dois têm que se adequar, agora quem conduz a relação é o adulto[...]. Ela tem que ir para um grupo familiar que tenha a base para adotar, o afeto. Que esteja disponível a dar o afeto, a dividir a vida de verdade com aquele que está fazendo parte do teu grupo familiar [...] então é

isso que o casal que vai adotar, ele tem que querer, ele não pode desistir na primeira oportunidade, na primeira dificuldade porque aquela criança não se moldou a tuas regras, aos teus critérios [...]. Então eu afirmo com minha experiência de 5 anos que, tem que ser uma pessoa que queira um filho de fato, porque eu questiono: quando você vai à maternidade parir um filho, você vai buscar seu filho do jeito que ele vier. Aí se não for do teu jeito você não quer? Então quando você vai no cadastro buscar um filho, você tem que entender que ele tem que vir do jeito que ele vier [...]. Que eles sejam mais preparados, que as pessoas tenham consciência do que estão levando. Não estão levando um pacote. (DÁLIA, Assistente Social).

Nossas crianças em sua maioria são vítimas de negligência. Negligência a gente entende como desamor, descaso, desrespeito, rejeição. Então a gente tem esse cuidado de preparar as famílias [...] se não foi uma criança desejada normalmente, isso já repercute e tem situações emocionais diferenciadas. [...] A gente tem percebido que na realidade as pessoas não estão prontas para adotar, pra acolher [...] A imaturidade do casal, o desejo pela adoção. A gente busca ver os casais que têm a adoção internalizada e quando eles vêm para esse período de acompanhamento à criança, vem na casa visitar, ficar com a criança, conhecer mais a criança, a gente observa a forma, a recepção, o tratamento, o cuidado deles, o carinho, o que eles trazem dessa questão do afeto, do respeito pela criança. (ANGÉLICA, Psicóloga).

Tem que ter realmente esse suporte, essa base pra saber o que está fazendo nessa decisão extremamente importante que é a adoção. Não é só pra satisfazer uma vaidade ou um ego, ou uma necessidade, mas saber que é uma responsabilidade imensa de ter o outro, de envolver o outro na sua vida, não é só a pessoa como pretendente, mas saber que tem o outro lado que você vai conviver por um bom tempo, ser responsável, ser guardião. É importante ser pai ou mãe [...] vem com essa ideia dos pobres coitadinhos, "eu vim pra dar amor; você está no lucro agora porque você tem alguém que pode lhe oferecer casa, comida e roupa lavada". São coisas equivocadas, né?! São situações equivocadas e dão um trabalho medonho porque a gente tem que trabalhar essa questão dessa adoção, do filho, o que envolve essas questões. A gente sempre faz em defesa da criança [...] Às vezes eu digo "meus Deus, querem uma criança pronta!" Um adolescente já pronto, sem defeito. Às vezes chegam pretendentes que querem na prateleira a criança sem defeito, sem nenhuma marca, sem nada. [...] A gente tem que

> *trabalhar também nessa questão da criança ideal pra eles [...] realmente são situações equivocadas como pretendentes que não estão tão prontos assim.* (MARGARIDA, Pedagoga).
>
> *Primeiramente, desmistificar o conceito daquela criança idealizada [...] A primeira [intervenção] é a escuta. A gente faz um momento de uma roda de conversa, atendimento individual se for o caso, a gente observa, realiza a escuta, sensibiliza e orienta.* (ROSA, Assistente Social).

Penso que escutar esse desejo é fundamental para a proteção da criança/adolescente e do próprio adotante. Como percebi nos relatos, o desejo e as expectativas frustradas dos adotantes são indicadores para a devolução da criança. Para que de fato o casal parental ocupe seu lugar e assuma suas funções, é necessário que adote aquele ser em seu desejo. Queiroz e Speck (2014) apontaram que quando a inscrição do filho adotivo não é possível, esse fica imerso em uma posição de vulnerabilidade e sujeito a um novo abandono. Estou certa de que, ainda que não haja a "devolução" jurídica, uma criança que não foi inscrita no desejo dos pais, portanto, não foi adotada psiquicamente, permanece em situação de abandono e desamparo, uma vez que fica na condição subjetiva de "filha de ninguém". Esse impasse tem efeitos devastadores sobre a criança no decorrer de sua vida.

Schettini Filho (1998, p. 65) afirmou que "a decisão da adoção precisa ser alicerçada em uma segura consciência parental. Se ela acontecer por impulso, foge à verdadeira relação adotiva". Para o autor, essa consciência implica a "incorporação" do filho a qual só é possível a partir do desejo internalizado. "Incorporar o filho significa ele entrar no corpo para sair do corpo como se fosse a simbolização do processo fisiológico de reproduzir: fecundar-gestar-parir" (p. 66). Assim, "a incorporação afetiva" é o mecanismo que confere à filiação suas raízes mais profundas, o que não pode ser conquistado se a motivação para adoção prevalecer sob uma necessidade circunstancial dos adotantes.

Dolto (1998) chamou atenção para o "horror" dos filhos da necessidade em detrimento dos filhos do desejo. É na direção das necessidades satisfeitas que se estabelecem as relações de utilidade. Silva e Queiroz (2015) relataram casos, não raros, de adoção em que as crianças foram colocadas na condição de objeto, sendo infligido a elas um sofrimento, e sendo-lhes atribuída a responsabilidade pelo "fracasso na adoção". Nesses ca(s)os, as autoras apontaram uma lógica comercial em que a criança é um objeto-coisa que pode ser adquirida e devolvida, caso apresente "defeitos", "falhas", ou não atenda às necessidades daquele que a adquiriu.

A adoção envolve dois processos: o de parentalização e o de filiação. Assim, tão importante quanto se observar os aspectos subjetivos dos postulantes em relação ao adotando, é fundamental a compreensão da disponibilidade da criança/adolescente para tornar-se filho daqueles pais. Partindo do princípio de que o filho também adota os pais, faz-se necessário assegurar seu direito de escuta e de participar ativamente no seu processo de adoção, consentindo-a ou não. Analisando os dados a partir das entrevistas identifiquei que as equipes zelam por esse direito da criança/adolescente, como aparece no recorte a seguir:

> *"[...] colocar no cadastro da adoção? Eu não aceito!"[declaração do adolescente]. A opinião, dependendo da maturidade daquela criança ou adolescente, ela deve ser respeitada também. A gente se depara com essa realidade [...] já tivemos caso de que uma adolescente e uma criança de onze anos disse: "tia, eu não vou poder voltar pra minha família?" Eu disse: Infelizmente não. No momento sua família não reúne condições para cuidar e proteger você e seus irmãos, e também ela já perdeu o poder familiar perante a lei, o juiz já determinou [...] nesse momento você vai ser preparado para adoção porque pra sua família você não vai poder voltar. Aí ela disse: "tá bom tia, eu já entendi, mas eu não quero ser adotada, eu vou ficar aqui até eu completar 18 anos e quando eu completar 18 anos eu vou procurar a minha família. (ROSA, Assistente Social).*
>
> *Temos que ver como é que está esse desejo dele de ser adotado. Acho que isso também o judiciário antes de chamar essa pessoa [adotante], tinha que ver da equipe. Será que essa criança ou adolescente está querendo ter uma nova família?[...] Se a criança não quiser ser adotada? A gente tem casos de que já foram e que voltaram. Apesar dela ter dito que queria ser adotada, os trâmites legais foram feitos, mas quando chegou no estágio de convivência ela entendeu que não queria e pediu para voltar. (DÁLIA, Assistente Social).*
>
> *Quando ela diz que sim, que quer, a gente vai nessa linha do desejo dela. (ANGÉLICA, Psicóloga).*
>
> *Ele diz que quer. Esperamos que esta família esteja preparada porque ele está preparado. (MARGARIDA, Pedagoga).*

Foi possível perceber que, em alguns casos, as crianças/adolescentes não estão destituídas psiquicamente do poder familiar. O fato de ter sido inserida no Sistema Nacional de Adoção e Acolhimento, após a sentença de destituição, não garante sua condição de "disponível" para adoção. Peiter (2011) observou que o ato jurídico de destituição do poder familiar não afasta instantaneamente os pais da vida psíquica da criança. Isso quer dizer que não há uma anulação ou transferência automática dos afetos relacionados à família de origem. Dolto (2013) entendeu que separar a criança dos pais por uma autoridade superior, em casos de destituição do poder familiar, traz efeitos secundários gravíssimos na vida dessa criança e de seus descendentes. Ela defendeu que são os pais e as crianças que devem entender a necessidade de se separar. Entretanto, sabemos que efeitos nefastos também são decorrentes de abandono e maus-tratos, o que, na maioria das vezes, provoca a perda do poder familiar.

É nesse sentido que Mendes (2012) trata a relação entre o poder e o saber como perversa, pois constitui uma das mais intrincadas celeumas entre a ciência e os dogmas. Dos princípios legais e constitucionais da proteção integral e da prioridade absoluta decorre a obrigatoriedade da atuação do judiciário. Por outro lado, o imponderável se apresenta quando uma criança/adolescente diz: *"Eu não quero ser adotada! Quando eu crescer vou voltar para minha família"*.

Não obstante a indisponibilidade psíquica de algumas crianças/adolescentes destituídas, encontramos, em grande número, aquelas que desejam sair do "não lugar" e vislumbram filiação e afiliação. De fato, desejam sentir-se filho(a) de pais que os reconheçam, dispensem cuidado, amor e a proteção que talvez nunca tenham experimentado, sendo apenas uma abstração. De fato, desejam ser afiliados(as) a um grupo ao qual pertencem. Sobre tal aspecto, Kaës (2010, p. 167) afirmou que é a partir da inscrição do status civil do filho que é possível seu reconhecimento como sujeito do desejo, sujeito da palavra, sujeito do grupo. "É no âmbito deste triplo assujeitamento que cada um e cada uma é declarado(a), conhecido(a) e reconhecido(a) como filho ou filha *de*".

Os depoimentos das entrevistadas evidenciam as particularidades do desejo e das relações de vínculos afetivos. A questão do verdadeiro é tratada por Hamad (2002, p. 145). O autor afirmou que os verdadeiros pais são relativos à escolha da criança e aos seus laços de afeto. "É seu testemunho que nos guia para compreender algo do que chamamos verdadeiro pai ou verdadeira mãe". Assim, é a criança que designa seus verdadeiros pais.

A história da criança/adolescente apareceu nos relatos como outro aspecto digno de consideração. As entrevistadas referiram a necessidade de os pais adotivos respeitarem e acolherem aquele filho com sua história, sem negá-la ou amputá-la. De acordo com o ECA, no Art. 48, em Redação dada pela Lei n.º 12.010, de 2009, "O adotado tem direito de conhecer sua origem biológica, bem como de obter acesso irrestrito ao processo no qual a medida foi aplicada e seus eventuais incidentes, após completar 18 (dezoito) anos". E, ainda, "O acesso ao processo de adoção poderá ser também deferido ao adotado menor de 18 (dezoito) anos, a seu pedido, assegurada orientação e assistência jurídica e psicológica".

O direito a se apropriar da sua história, reconhecido e garantido por lei, é um grande avanço no sentido de romper preconceitos, desconstruir mitos e fantasias, especialmente aquelas que colocam os filhos no lugar de objeto de propriedade dos pais. Para Dolto e Hamad (1998), ocultar-se em relação à história da criança tem a ver com a fantasia de que o filho que nada sabe, pode se "tornar" um filho biológico. Em pesquisa, Queiroz (2004) constatou que a preocupação com a questão da origem do filho ocupa um lugar central para os adotantes. Entendo que a forma como os pretendentes olham para a história da criança, se colocam diante dela e se disponibilizam, ou não, a circular a palavra sobre ela é uma expressão da sua disponibilidade ou indisponibilidade psíquica para adotar verdadeiramente.

É por compreender a importância de os pais adotivos aceitarem aquele filho com toda particularidade da sua existência que as técnicas empreendem esforços, como destaco nos relatos a seguir:

> *Então essa preparação ela começa com a não negação da história de vida de cada um. Ela não pode ser negada, ela pode ser guardada, dividida no momento certo, repensada, revisitada em determinado momento, mas que ela seja revisitada sem tanto sofrimento. [...] Mesmo que você dê um tempo dessa história de vida dele de acolhimento, mas essa história é importante que seja respeitada. É a história de vida dele, é o que ele tem. [...] Se para uns aquela história de vida dele começou de forma extremamente conturbada, mas é o que ele adquiriu, essa é a família de origem, então isso tem que ser respeitado [...] não se pode negar, ele não veio do nada. A criança adotada e um adolescente não veio do vento. Ele veio de uma relação como veio qualquer filho biológico. [...] Quando se*

> *adota uma criança maior a história de vida dela vai com ela, a memória dela vai com ela.* (DÁLIA, Assistente Social).
>
> *Tem casos que o nível econômico da família é bem elevado, tem recursos altos, e não quer nada da instituição. A gente diz: ele precisa. Fotos, os registros são muito importantes porque fazem parte da história de vida. A gente também dá os registros, encaminha fotos dos meninos porque eles precisam de saber dessa origem, dessa parte da história de vida dele que não foi apagada.* (MARGARIDA, Pedagoga).

A análise desses relatos aponta a importância de se observar o quanto os pretendentes suportam a história de vida da criança e o quanto estão dispostos a serem continentes dela. A depender do caso, quando essa criança já está muito marcada por experiências reais, precisará de pais consistentes e seguros em suas funções para suportar um certo desajuste inicial em busca da adaptação. Se eles estiverem fragilizados e inseguros quanto à genealogia da adoção, como serão continentes? Reconhecer a história de vida da criança e aceitá-la é oferecer segurança para esse filho saber que sua origem não precisa ser negada como condicional para que ele seja amado e valorizado. Ao passo que negar essa história é negar parte da criança, é transmitir a ideia de que ela é aceita em partes, apenas. Além de reforçar fantasias desnarcisantes na criança, ao negar a sua história, fecha-se o espaço para a circulação da palavra, daquilo que dá oportunidade de a criança representar, pela via do significante, seus sentimentos. Seja por insegurança, receio de sofrer ou de causar sofrimento na criança, o não querer saber da verdade sobre ela produz efeito nesse sujeito. "Evitar" causar dor na criança não permitindo-lhe dizer sobre suas dores é interceptar os lutos que precisam ser elaborados pela criança. "Luto que não se efetua a não ser na dor" (HAMAD, 2002, p. 116). A criança é testemunha daquilo que se passa em torno dela. Dizer-lhe a verdade é oferecer-lhe elementos de sua história para que ela possa construir sua própria verdade (DOLTO, 2013; HAMAD, 2002).

4.2.4 Atuação do judiciário

Nesta categoria estão presentes os conteúdos relacionados à compreensão que os profissionais têm a respeito do processo jurídico da adoção.

A adoção é um ato permeado por aspectos jurídicos, desde a destituição do poder familiar dos pais naturais, à concessão da guarda definitiva da criança/adolescente à família adotiva. Uma análise mais profunda nos possibilita compreender que a lei confere legitimidade à filiação. "A lei é a ossatura, o suporte do laço de filiação" (LÉVY-SOUSSAN, 2010, p. 49). Para o autor, as construções jurídicas fornecem um cenário instituído que permite produzir a ficção parental, familiar e genealógica. No mesmo viés, Legendre (1990) defendeu que é pela via jurídica que os indivíduos nascem pela segunda vez, para a vida social. A palavra diante da justiça funda ou exclui a filiação. Nos casos de adoção, isso fica ainda mais evidente.

Identifiquei nos relatos das entrevistadas o reconhecimento da importância da atuação da instituição judiciária, de forma coparticipativa e integrada, com as Casas de Acolhimento, na transição da criança/adolescente para a nova família. Essa importância é conferida em uma perspectiva ampla que envolve a forma da Lei em suas adequações para garantir o direito da criança/adolescente; o exercício da jurisdição do juiz e a atuação da equipe técnica das Varas da Infância e Juventude. Observei tal afirmação nos relatos a seguir:

> *O jurídico e o psicoemocional têm que estar juntinho os dois. Um tem que tá dando suporte ao outro. Um não pode estar acima do outro, eles têm que caminhar juntos [...] A importância de ter essa correlação entre o judiciário e a Casa de Acolhimento. Essa relação é importante, independente da circunstância.* (DÁLIA, Assistente Social).

> *É claro que a lei serve para colaborar, para dar esse suporte. Uma coisa não vai separar da outra, uma coisa não vai desvincular da outra. As duas estão juntas. As questões subjetivas, as questões objetivas, as questões concretas.* (MARGARIDA, Pedagoga).

> *As questões jurídicas, os prazos, a celeridade da justiça estão bem melhor hoje, mas já demorou muito. Agora tem a nova lei de 2017 que veio dar uma ajudada nisso, diminuir os prazos, mas antes era a questão do prazo dificultava um pouco esse processo.* (ROSA, Assistente Social).

> *Esse tempo pra mim é o que mais atrapalha porque esse tempo jurídico é um tempo que as coisas têm que acontecer de uma forma que muitas vezes se perde [...] a gente sabe que o menor tempo possível em acolhimento é o melhor, só que a gente não consegue fazer essa preparação nesse tempo. E aí as chances de não dar certo são grandes.* (VIOLETA, Pedagoga).

Quanto à articulação entre as equipes técnicas das Varas com as das Casas de Acolhimento, constatei que existe um contato com maior frequência nos casos da capital, Recife, embora não seja sistematizado, como afirmam as entrevistadas:

> *Mas de haver uma rotina onde existe um encontro de equipe técnica de casa de acolhimento e a equipe do judiciário onde vai discutir a forma mais adequada para se iniciar o estágio de convivência, para que se inicie isso de uma forma muito mais positiva, isso não é uma rotina, isso não é uma prática [...] vamos discutir o caso, entende?* (DÁLIA, Assistente Social).

> *Por estarmos no município de Recife, é lógico que a gente tenha mais contato com as comarcas daqui [...]. Em algumas vezes existem encontros para se discutir casos mais específicos.* (ROSA, Assistente Social).

> *Eles solicitam relatório, a gente conversa por telefone, tem audiência concentrada com o juiz. Tem todo um andamento completo, não tem falhas. Falhas existem porque onde tem ser humano tem falhas, mas são mínimas, as coisas acontecem de uma forma muito sadia, apropriada.* (ANGÉLICA, Psicóloga).

> *Existe só mais no contexto formal, de solicitações e de informações sobre os pretendentes, sobre o despacho do juiz, das sentenças, através de e-mails, por telefone, mas encontros, o trabalho mais intenso que deveria ter, não existe. [...] O judiciário está lá diretamente com esse trabalho com os pretendentes e nós estamos com essas crianças para adoção. [...] A gente não estuda o caso com o judiciário. [...] A gente não tem acesso às informações da família. [...] A gente sai meio que atropelando porque a gente quer atender uma demanda do judiciário, eles da corregedoria e assim sucessivamente. E a gente só querendo cumprir com a responsabilidade, obrigações, metas, mas não faz esse trabalho em parceria.* (MARGARIDA, Pedagoga).

> *Interação existe, mas não da forma que deveria. [...] A gente não trabalha junto com as equipes. As equipes do judiciário deveriam estar vindo também para trabalhar junto com a gente a questão da adoção da criança, e ela não vem. [...] Nessa questão é muito falha ainda essa preparação. Até os profissionais se prepararem também pra isso. Fazerem cursos e capacitações voltados para essa área mesmo, para a adoção que não é brincadeira, não é uma coisa simples, é uma coisa séria. Eu acho que deveria ser mais articulado e os profissionais de ambos os lugares mais bem preparados para atuar, pra ter essa sensibilização.* (VIOLETA, Pedagoga).

> *A gente tenta quando existe equipe do juizado. Quando são casos de municípios do interior de Pernambuco, a gente vai no fórum, vai no Creas, vai no conselho tutelar que é uma ponte pra gente entrar naquele município. Como eu não conheço e a família não me conhece, o conselho tutelar é uma ponte e de lá a gente vai no fórum e no Creas para saber se tem equipe.* (MAGNÓLIA, Psicóloga).

Esses dados chamam atenção para uma demanda urgente de ações que deem suporte a um trabalho interinstitucional, multiprofissional e interdisciplinar entre os responsáveis pela definição e execução de um projeto de vida para a criança/adolescente. O processo de adoção é complexo, multidimensional, por isso exige a superação da visão fragmentada. Além disso, o fracasso na tentativa de adoção que tem por consequência a devolução da criança/adolescente, tem efeitos devastadores. Esse, por si só, é motivo suficiente para se estabelecer processos que minimizem os riscos da adoção.

Paiva (2014) pontuou que todo e qualquer processo de adoção deve resultar de uma atuação interdisciplinar entre a equipe técnica da Vara da Infância e Juventude e os profissionais que cuidam da criança/adolescente na casa de acolhimento. O trabalho deve pautar-se em uma troca permanente e aprofundada de informações sobre a história da criança, sobre o processo judicial e sobre o plano de adoção daquela criança. Percebe-se, então, que a autora sugeriu um acompanhamento interdisciplinar/interinstitucional contínuo muito antes de designar o adotando para ingressar em uma nova família.

A narrativa de uma entrevistada evidenciou a importância da atuação do judiciário não apenas como operador jurídico, mas também como operador simbólico:

> *Dr. Lótus promove esses encontros com os meninos. Ele diz audiência, mas é mais uma conversa com os meninos. Ele realmente escuta. Tanto que dizem: "Vou conversar com tio Lótus!" O menino foge, pula o muro e vai-se embora conversar com Dr. Lótus [...] Ele vai lá e promove sua própria audiência, sem ninguém. Aí Dr. Lótus recebe, conversa e depois o menino vem embora e diz: "É meu juiz!" [...] ele fala com o juiz dele e vai embora, faz as reivindicações dele lá.* (MARGARIDA, Pedagoga).

Percebo que esse operador do direito reconhece a importância de a criança ser protagonista no seu processo de adoção, como preconiza o ECA em seu Artigo 45, § 2º: "Em se tratando de adotando maior de doze anos de idade, será também necessário o seu consentimento". Chamou-nos atenção a referência que a entrevistada fez em relação ao discurso dos adolescentes: "*É meu juiz!*". Parece que, diante do abandono e desamparo vivenciado ao perder a referência de filiação, é transferido para a figura do juiz algo da função parental. O juiz passa a ser sua pessoa de referência. É aquele que se responsabiliza por ele, que zela pela sua segurança e proteção, uma espécie de "porto seguro". Enquanto figura de autoridade, o juiz opera simbolicamente como lei e essa tem valor continente.

Assim, ficou clara que a importância da atuação do juiz está para além de uma sentença. Ainda que não lhe caiba manejar a transferência da criança/adolescente, o juiz é depositário de fantasias face ao lugar simbólico que ocupa. Aquele juiz que julgou que os pais de origem não atendiam às necessidades dos filhos e arbitrou a destituição do poder familiar, precisa dar conta do desamparo daquele filho sem pais, "encontrando-lhe" um novo espaço possível de filiação e afiliação.

Ainda sobre a atuação do jurista, uma entrevistada declarou:

> *Tem juízes que nos escutam mesmo, que procuram, são bem severos. Mas tem outros que são pouco sensíveis, são mais práticos. [...] Um juiz comprometido e sensível à causa da infância e juventude e que exige o compromisso da Vara, é o principal.* (MAGNÓLIA, Psicóloga).

Ao mencionar a construção sociojurídica da filiação, Lévy-Soussan (2010a) afirmou que uma das funções essenciais da lei é permitir a passagem do individual a valores universais, isto é, do ser humano ao ser social em uma filiação. Nessa lógica, enquanto representante da lei, o juiz é aquele que tem o poder de autorizar o "renascimento" da criança/adolescente no seio de uma nova família, restabelecendo seu status de filho e reinserindo-o em uma genealogia.

Face ao exposto em relação à importância da "função jurídica" (lei que institui e destitui, tanto do ponto de vista jurídico quanto do simbólico), entendo que é preciso repensar a atuação interprofissional nos processos de adoção, no sentido de a equipe da Vara da Infância e Juventude, incluindo o juiz, acompanhar com maior proximidade aquela criança/adolescente à espera de uma família. Ressalto o caráter indispensável da interdisciplinaridade durante todo processo de adoção, uma vez que uma construção coletiva a partir de vários olhares e saberes dialogados respaldariam e salvaguardariam o projeto adotivo.

4.2.5 Intervenções das equipes

Nesta categoria estão descritas as intervenções relatadas frente às demandas que surgem nas particularidades dos casos de adoção. A análise foi dividida em duas subcategorias: intervenção frente às demandas dos adotantes, intervenção frente às demandas dos adotandos.

4.2.5.1 Intervenção frente às demandas dos adotantes

Esta subcategoria de análise contém conteúdo referente ao que as entrevistadas observam de demandas dos pretendentes que podem comprometer de alguma maneira a formação do vínculo de filiação, e suas intervenções frente às situações.

Por vezes, a idealização do filho, a não aceitação da criança real em algum aspecto, a negação da origem da criança, a insegurança e desorganização dos sentimentos, a indisponibilidade para exercer a função, entre outros, são obstáculos para o trabalho de filiação, uma vez que comprometem a capacidade de os futuros pais incluírem esse filho real na sua história familiar. O trabalho das equipes técnicas, tanto das Varas quanto das Casas de Acolhimento, é apreciar toda a singularidade de cada processo de adoção visando ao seu sucesso, especialmente, ao melhor interesse da criança/adolescente.

Evidentemente, no contexto das Casas de Acolhimento, a escuta do desejo dos pretendentes é limitada face ao enquadramento do processo. Percebe-se apenas fragmentos dessas fantasias dos postulantes em relação à filiação e àquele filho, especificamente. Por isso, é uma prática comum a equipe técnica encaminhar a família adotante para um trabalho psicológico que aprofunde a escuta a fim de encontrar a verdade do desejo. Isso fica claro no relato a seguir:

> *Chegam casos da família achar que o fato dela ter entrado em uma lista de espera, ela tem o direito de escolha... a gente sempre orienta aqui, enquanto equipe, que essa família procure um profissional para que essas questões sejam discutidas e orientadas de uma forma mais salutar pra ambos, tanto para o adotante quanto para o adotado, pra que não seja vista apenas: "Não, eu quero ele desse jeito!" e aí ele leva aquela criança/adolescente. Quando ele chega lá que ele vê que aquele filho que ele foi buscar não está dentro dos moldes que ele queria, não atende às expectativas do casal e aí acontecem as adoções malsucedidas; é esse o termo que*

> *o jurídico usa, ele retorna para casa de acolhimento e no papel vem assim "adoção malsucedida".* (DÁLIA, Assistente Social).

Sobre essa demanda, Lévy-Soussan (2010a) pontuou que qualquer família, biológica ou adotiva, deve renunciar à posição onipotente na qual a criança não passaria de uma criação narcísica parental com a soberania de sua vontade. Caso contrário, o acesso ao filho seria como um direito ou um bem. "'O desejo de filho' a qualquer preço pode se transformar abusivamente em um "direito ao filho", como se o desejo fosse criador de um direito" (LÉVY-SOUSSAN, 2010a, p. 63). Acrescento ainda que um pedido de adoção não significa necessariamente desejo de um filho, tampouco a inscrição e habilitação no SNA garantirá a disponibilidade interna para filiar. Por isso, é essencial a compreensão do lugar desse filho na economia psíquica desses pretendentes, que lugar essa criança ocupa no imaginário desses que a solicitam juridicamente e, especialmente, se esse lugar que lhe está reservado é de criança-objeto ou criança-sujeito.

Percebo nos relatos de todas as entrevistadas a preocupação que gira em torno da palavra e do olhar dos pretendentes dirigidos à criança/adolescente no momento da aproximação. Para exemplificar essa afirmação fiz um recorte:

> *Se a gente vê que tem abertura pra gente sensibilizar e mostrar uma situação diferente, a gente vê que não é uma coisa assim que tá arraigada, uma coisa muito forte neles, a gente até pode tentar. Mas se não, a gente não arrisca que a criança vá. A gente vai fazer o documento pro juiz informando que vê que tem muita chance de não dar certo e explica o motivo. Porque se a criança que ela tá querendo não é o que tem na cabecinha dela, a gente não vai ficar arriscando que dê errado, porque é muito ruim quando a criança retorna. Se os riscos são grandes a gente prefere não arriscar. Porque ocorrem casos em que as pessoas chegam com uma coisa já pronta. Uma criança que não vai dar trabalho, uma criança com bom desenvolvimento cognitivo... A gente dá a informação para o juiz e ele também pode aceitar ou não. Ele pode querer colocar mesmo assim. Geralmente o juiz acata o parecer técnico da casa.* (VIOLETA, Pedagoga).

Trindade-Salavert (2010) relatou como um dos grandes desafios da adoção tardia os pais suportarem e compreenderem os comportamentos regressivos dos filhos adotados. Eles tendem a pensar que vão receber uma criança funcionando em consonância com sua faixa etária. A autora enfatizou que, quando o projeto adotivo dos pais foi construído dentro de um quadro muito rígido de idealização, a construção da nova filiação e da parentalidade se torna mais difícil.

A narrativa a seguir me chamou atenção mais uma vez para a necessidade de um trabalho interdisciplinar e interinstitucional nos processos de preparação, tanto dos pretendentes quanto das crianças/adolescentes:

> *A gente avalia o que é melhor para a criança e não para o casal. Se a gente entender que aquela adoção não vai ser tão benéfica, a gente faz um relatório e encaminha para a Vara. Agora, se eles vão investigar, se eles vão respaldar nosso parecer, aí já não é mais de nossa competência. Se a gente identifica algo que não está dentro da normalidade, o nosso papel é comunicar. Nesses casos, o juiz solicita um estudo da equipe dele e vai analisar qual é o parecer que ele vai acatar. Mas geralmente a equipe faz uma investigação também diante de uma situação, até porque a gente também provoca para que isso aconteça: olha nós identificamos isso, seria interessante que vocês investigassem melhor. É muito mais um apoio, mas não algo imposto. A gente tenta não interferir diretamente no trabalho da equipe das varas porque diz respeito à adoção, porque a gente tem consciência de quem processa são eles, não a gente.* (ROSA, Assistente Social).

Essa cisão em um processo que deveria ser integrado tem efeito negativo, uma vez que aumenta o risco de não se perceber ou de não se levar em consideração fissuras no projeto adotivo. É indiscutível a importância da avaliação realizada pelo judiciário, entretanto, há um saber sobre a criança/adolescente da equipe da Casa de Acolhimento e mais, há um saber sobre esse encontro da família com o adotando que precisa ser levado em consideração. Assim:

> Não é porque uma pessoa ou uma família foi considerada habilitada pela Justiça para adotar uma criança ou um adolescente que ela poderá adotar qualquer criança, qualquer adolescente; da mesma forma, não é porque uma criança ou um adolescente se encontra em um sistema disponível para adoção que ele poderá ser adotado por qualquer família. Ao lidarmos com a questão da filiação onde o que se impõe é a ordem do desejo, jamais um simples cruzamento de dados poderá determinar o estabelecimento da filiação. (MACÊDO, 2015, p. 96).

Acredito que só um parecer construído no coletivo do trabalho interdisciplinar e interinstitucional é capaz de um olhar para além do cruzamento de dados, prevalecendo a singularidade de cada caso. Em outra narrativa percebi que as fragilidades dos pretendentes quanto às suas funções parentais também são percebidas pela equipe:

> A gente já sinaliza que não dá certo. Sinaliza para a equipe do judiciário e eles estão muito atentos aos relatos da equipe técnica. Vamos gerar essa aproximação, promover alguns encontros com essa criança e esses pretendentes sob a avaliação, sob a supervisão desses profissionais. A gente percebe, né?! Nós tivemos uns três casos que a pretendente chorava, se desesperava porque ela não viu aquela criança como filha, mas também não queria rejeitar, ela não queria dizer pra comarca que não era [...] A menina já era maiorzinha, não olhou com tanto afeto pra ela [pretendente] aí se sentiu rejeitada no primeiro encontro, aí se desestruturou. Psicologicamente esses pretendentes deveriam estar bem mais preparados. A gente percebe que não dá certo, eles nem entram no estágio de convivência, já desistem por aí. Ainda bem que desistem porque a gente sinalizar que não dá e eles insistirem é mais complicado. (MARGARIDA, Pedagoga).

A entrevistada relatou um caso em que a pretendente se sentiu rejeitada, no primeiro contato, pela criança que lhe foi designada. Esperar que uma criança olhe afetivamente para uma pessoa que ela nunca viu é exigir demais, sobretudo se ela perdeu ou nunca construiu confiança no mundo. Essa expectativa da adotante deixou evidente sua impossibilidade de lidar com o filho real e suas expressões. A técnica identificou o risco frente à fragilidade psíquica dessa adotante e do seu projeto. Sem a possibilidade de reconhecer aquela criança como filha, não foi possível a criança reconhecer aquela pretendente como mãe; inviabilizou-se assim o reconhecimento mútuo necessário no processo de parentalização.

A criança fica impossibilitada de adotar psiquicamente aqueles pais que igualmente no nível imaginário não estão podendo adotá-la (TRINDADE-SALAVERT, 2010). O olhar em perspectiva sobre o desejo do filho é essencial para o reconhecimento do campo fantasmático que antecede a criança, como apontou Lévy-Soussan (2010a). Indubitavelmente, a escuta desse desejo só é possível em um dispositivo clínico. A perícia das equipes técnicas permite realizar encaminhamentos para uma possível elaboração da demanda por um filho.

Para Hamad (2002), a escuta clínica do projeto adotivo dos postulantes implica, para além da história particular de cada um, a identificação do que seu desejo de criança, de sua fantasia inconsciente, de sua estrutura, se desvela em seu discurso. Algo da verdade psíquica desses pretendentes se deixa escutar. É nesse mesmo sentido que Lévy-Soussan (2010a) defendeu que o trabalho de elaboração da demanda por um filho permite que os candidatos se conscientizem do seu desejo e percebam o que pode estar oculto pelo processo de adoção.

Considerando o desejo como essencial para a construção do laço com o outro, Besset e Silva (2012), Speck e Queiroz (2017) e Oliveira, Souto e Silva (2017) chamaram atenção para o endereçamento do desejo. Se por um lado pouco importa se o filho é biológico ou adotivo, o imperativo é sua inscrição em um desejo que não seja anônimo; por outro, se o desejo que sustenta a filiação se endereça a outro lugar, não ao de filho, terá efeito na construção do laço psíquico, impedindo ou precarizando o vínculo filial. Nessa compreensão, não há garantias de o filho, biológico ou adotivo, ocupar o lugar no desejo dos pais, mas na filiação adotiva existem elementos adicionais que acrescentam também maior complexidade à economia dos pretendentes. É exatamente nesse viés econômico do inconsciente que estão as fantasias que direcionam os comportamentos e as relações afetivas.

4.2.5.2 Intervenção frente às demandas dos adotandos

Esta subcategoria de análise contém conteúdo referente ao que as entrevistadas percebem das dificuldades das crianças/adolescentes que podem comprometer, de alguma maneira, a formação do vínculo de filiação, e suas intervenções frente às situações.

Por vezes, o luto não resolvido pela família de origem, o rompimento dos laços afetivos anteriormente construídos, inclusive na instituição de acolhimento, os sentimentos relacionados a experiências de violência, à experiência de devolução, entre outros, são questões presentes na criança/adolescente que dificultam ou inviabilizam a adoção tornando-os "inadotáveis" ainda que momentaneamente. Observei no relato a seguir o conflito experimentado por uma adotanda que findou por "boicotar" a adoção:

> *[...] Ao mesmo tempo que a gente tá no processo dela de preparação, ela aceita, ela vai até o estágio de convivência, até aí tudo muito bem, mas a partir do momento que ela sabe que aquele estágio de convivência vai terminar e ela vai ficar de fato, passar a fazer*

> *parte do grupo familiar, ela começa a se comportar de forma não adequada até ela provocar o retorno dela. Então a dificuldade está nela, ela não aceita, então ela faz a confusão. Ao mesmo tempo que ela queria um grupo familiar, ela também não quer ser adotada, então ela volta pra unidade [Casa de Acolhimento].* (DÁLIA, Assistente Social).

Ficou claro nesse relato a ambivalência que a criança vivencia. Ao mesmo tempo que sente necessidade de um vínculo estável que lhe forneça holding, a criança vive a intranquilidade do fantasma do desamparo. Casos como esse deixam evidente que a adoção não se efetiva pelo simples cruzamento de dados cadastrados no SNA. Faz-se necessário avaliar se esses pretendentes estão dispostos a acolher esse filho com suas dores, muitas vezes indizíveis e impossíveis de tradução. Como afirmou Schettini Filho (2014b, p. 388): "A dor pede acolhimento e a construção de uma atitude adotiva [...] adotar o outro com sua dor". Entendo que estando nesse movimento ambivalente a criança ainda se arrisca a tentar; se do outro lado encontrar consistência no acolhimento, pais seguros, confiantes, afetuosos e esperançosos, amplia-se a possibilidade de essa criança adotar esses novos pais.

Schettini Filho (2014b) e Levinzon (2013) se referiram à necessidade de se entender as dores da adoção nas peculiaridades, tanto individuais quanto resultantes de uma história pessoal pregressa que tem seus efeitos, algumas vezes, persistentes como "feridas abertas". As equipes técnicas das Casas de Acolhimento são sensíveis a isso, pois todas as entrevistadas verbalizaram a necessidade de se respeitar os sentimentos e o momento da criança/adolescente:

> *Ele vai sinalizando pra gente se ele quer ou não quer pertencer a uma nova família. Se quer, ótimo, vamos trabalhar para ir; se não quer, deve ser respeitado também e não criticado [...] Ele que está nessa busca e, às vezes, de tantas perdas, será que uma nova família é importante para ele naquele momento ou ele precisa de um tempo para descobrir o que é mais importante? [...] Temos um caso que a própria adolescente sinaliza que ainda não é o momento adequado e se assim for feito, corremos o risco de mais uma vez ela retornar para a casa de acolhimento. Aí a gente tem que respeitar esse momento dela, a gente não pode passar por cima desse desejo dela, dessa dificuldade, que não é um desejo, é uma dificuldade daquela adolescente.* (DÁLIA, Assistente Social).

> *Se ela diz que não, a gente expressa que compreende, mas deixa em aberto que ela pense também sobre o assunto porque o que*

> *parece ser ruim, as vezes é o melhor pra gente [...] A gente não força a criança. Se ela entende, ela não é forçada a ser adotada, mesmo estando disponível no cadastro.* (ANGÉLICA, Psicóloga).
>
> *A destituição é difícil, ela não que aceitar, não quer admitir. Então a gente precisa levar isso para o atendimento psicológico.* (MAGNÓLIA, Psicóloga).
>
> *É como se eles estivessem na defensiva: "Eu não quero ser adotado pra depois ela me abandonar novamente". Então a gente tenta sempre apoiar essa criança pra que ela se sinta segura nessa nova tentativa de ingressar em uma família.* (ROSA, Assistente Social).
>
> *A gente precisa ter cuidado para não forçar. Às vezes a gente força e acha que está tendo uma boa intenção, mas a gente tá forçando uma barra da criança. Esse preparo é respeitar de fato. Todos os procedimentos, o que ela está demandando, a criança está oferecendo e você vai respeitando, vai trabalhando de acordo com o que ela está oferecendo [...] tem que ir aos poucos, devagar, respeitando o tempo, o movimento, o que ela está oferecendo pra poder de certa forma ser trabalhado nessa condição de respeito [...] É ofertar outras possibilidades pra aquela criança de uma fora respeitosa mesmo.* (MARGARIDA, Pedagoga).

Acredito que o nível de desafio para manejar o processo de adoção de uma criança/adolescente tem relação com o grau de sofrimento e afetação decorrente da situação de separação da família de origem, da sua história inicial e da sua história de institucionalização. Levinzon (2013) adotou o termo "traumas cumulativos da adoção" para referir-se às experiências de estados de abandono e ausência de vínculos que potencializam a sensibilidade da criança ao abandono e à separação. Evidentemente, há de se considerar também fatores constitucionais individuais que dizem respeito ao modo particular com que cada indivíduo integra suas experiências.

Diante da indisponibilidade interna para ser adotada, que pode ser expressa em palavras ou por meio de comportamentos que boicotam a adoção, as equipes técnicas das Casas de Acolhimento frequentemente identificam sentimentos de medo do desconhecido, do estranho, medo de sofrer um novo abandono; falta de esperança e confiança nas relações; apego à família de origem ainda que tenham sofrido violência e negligência; recusa em se separar dos irmãos; nos casos de desmembramento. As declarações que se seguem elucidam:

> *A gente não pode dizer que é porque ele prefere estar no acolhimento. Não é uma questão de preferência, é uma questão ainda de pertencimento [...] 'Melhor eu permanecer na minha zona de conforto que eu já conheço ou eu desbravar um novo mundo que pra mim é totalmente desconhecido?' E vai vir o medo porque ele já vem com muitas perdas. Se aquele que eu identifiquei como família, ela não quis pertencer mais a mim e não permitiu que eu pertencesse mais a esse grupo, como é que eu vou enfrentar um novo momento e um novo grupo familiar?* (DÁLIA, Assistente Social).

> *Tem históricos de famílias que são dolorosos de maus-tratos, descaso, rejeição. Isso é doloroso, o emocional fica muito fragilizado.* (ANGÉLICA, Psicóloga).

> *Essa dificuldade geralmente é algum trauma ou a dificuldade com os pais [...] Foram agredidas, foram maltratadas, mas amam essa mãe, a gente não pode negar isso [...] Os pequenininhos não têm 'como não aceitar', mas continuam ligados aos pais que estão dentro deles. Já perdi uma criança com depressão infantil. Elas guardam, elas sabem que não vai ter mais, elas têm essa noção. A gente acha que criança não entende nada, mas entende sim. Do jeito dela, mas entende.* (MAGNÓLIA, Psicóloga).

> *Muitas vezes é o medo de ser abandonado novamente.* (ROSA, Assistente Social).

> *Ele está assustado alí. Às vezes segura o profissional, fica agarrado porque é um estranho que está alí. E aquela família não está compreendendo aquele contexto.* (MARGARIDA, Pedagoga).

> *Temos uma adolescente de 15 anos que o sonho dela é juntar todos os irmãos que já foram adotados e voltar pra casa dela junto com eles. Como preparar uma menina dessa que não se desligou da família?* (VIOLETA, Pedagoga).

Esses relatos acerca dos aspectos emocionais e psicológicos da criança/adolescente são testemunhos da intensa angústia e sofrimento psíquico dos filhos que perderam seus pais por destituição do poder familiar. Fala-se aqui para além da dor da separação. Fala-se de uma dor existencial impregnada no Eu por sentimentos de abandono, rejeição e desamparo vivenciados por um ego ainda imaturo, dada sua condição de estar em desenvolvimento.

Schettini Filho (2014b) afirmou que, independentemente de ter ocorrido rejeição de modo deliberativo, a criança posta à adoção interpreta-a como abandono. Instala-se assim uma dor que merece ser reconhecida e respeitada por todos que estão em torno da criança.

Diante dessa terrível ameaça, o ego lança mão de mecanismos de defesa como recurso para se proteger da angústia. Assim, é compreensível que as crianças os usem com um risco considerável de distorções da imagem de si mesma e dos outros, dada sua imaturidade psíquica.

No que diz respeito às intervenções das equipes frente às dificuldades emocionais da criança/adolescente que, por vezes, a tornam "inadotável" em função da sua incapacidade (momentânea ou não) de adotar uma nova família, as entrevistadas afirmaram o encaminhamento para psicoterapia como recurso de apoio. Constatei isso nos relatos a seguir:

> *Nesses casos ela é encaminhada para uma terapia fora da Unidade por um profissional que vai dar um suporte para que ela descubra que dificuldade é essa que ela tem [...] a importância do profissional que é neutro na situação. Ele vai ver a criança/adolescente como se apresenta de fato [...] ter uma terapia, momento fora da Unidade onde ela possa se colocar e descobrir o que de fato quer, que medo é esse que ela tem.* (DÁLIA, Assistente Social).

> *A gente precisa levar isso para o atendimento psicológico fora porque eu não posso fazer atendimento clínico aqui, a gente faz uma orientação.* (MAGNÓLIA, Psicóloga).

As dores desses "filhos de ninguém" estão inscritas e afastadas da consciência pelas defesas do ego e, por vezes, transformam-se em sintoma. De fato, o dispositivo clínico é o mais indicado para tratar aquela que sofreu uma desqualificação narcísica no processo de constituição do Eu. Ao estudar a criança mal-amada, Violante (1995) pontuou que é o amor materno que possibilita o surgimento do narcisismo da criança, o amor a si. É esse amor materno que a leva a investir no próprio Eu para depois investir no Eu do outro. A rejeição materna conduz o sujeito a subestimar-se e pouco estimar o outro, ainda que o idealize e que dele dependa para ter referências de si. Nessa perspectiva, me parece compreensível o desinvestimento da criança nas relações posteriores, visto que não construiu confiança, em si mesma, e no mundo em decorrência do sentimento de abandono inicial.

Vários autores abordaram os efeitos psicogênicos das experiências de separação, rejeição e indiferença vivenciadas pela criança. Ferenczi (2011) apontou que crianças mal acolhidas, tratada com rudeza e sem carinho, morrem facilmente em um movimento de desistência da vida. Caso sobrevivam, tendem a um pessimismo e aversão à vida. Spitz (2004) concluiu, a partir dos conceitos de depressão anaclítica[8] e hospitalismo[9], que uma grande deficiência nas relações objetais leva a uma suspensão do desenvolvimento de todos os setores da personalidade. Bowlby (2001) apontou a deterioração da capacidade para estabelecer vínculos afetivos como derivada de falhas no ambiente durante a infância. Winnicott (2005) identificou a ausência de esperança como uma característica básica da criança que sofreu privação afetiva. Assinalou o seguinte:

> A criança carente é perturbada, e essa perturbação não tem uma natureza tal que a simples mudança ambiental possa transformar a criança num ser sadio. Na melhor das hipóteses, a criança capaz de beneficiar-se de um bom ambiente começa a melhorar; na medida em que fica menos doente, torna-se também mais capaz de reagir com fúria a seu estado de carência. Há nela um ódio dirigido contra o mundo, e a saúde só sobrevém quando esse ódio é sentido. (WINNICOTT, 2005, p. 196).

Violante (1995) observou que a criança mal-amada, aquela que foi narcisicamente desqualificada, por ter sido mal enunciada e mal investida, carrega em si um potencial melancólico, apresentando desinvestimento nas capacidades de pensar, falar e brincar, além disso, compromete o desejo de crescer. Nessa mesma lógica, Zornig e Levy (2006) pontuaram que os efeitos traumáticos da separação e/ou desinvestimento materno ativam mecanismos de defesa que prejudicam a capacidade criativa da criança.

No contexto da adoção, a criança/adolescente vivencia dores oriundas de experiências passadas que podem comprometer seu investimento no presente e sua projeção de um futuro, como apontou Schettini Filho (2014b, p. 385): "O presente poderá ser contaminado por incursões catastróficas em um futuro que ainda não se conhece [...] sofrem as dores do desamparo projetado no futuro".

---

[8] René Spitz (2004) argumentou que o dano sofrido pela criança privada de afeto será proporcional à duração da privação. O autor denominou depressão anaclítica como o conjunto de sintomas que uma criança apresenta se sofrer uma privação parcial de afeto durante três meses ininterruptos. Entre eles, apresentam no primeiro mês choro e exigência de apego com quem estabelecer contato; no segundo mês o choro transforma-se em gemido, há perda de peso e estagnação no quociente de desenvolvimento; no terceiro mês, as crianças recusam o contato, continuam perdendo peso, iniciam a insônia e a rigidez facial, passam maior parte do tempo de bruços, o atraso motor torna-se generalizado e há tendência a adoecer.

[9] A privação afetiva total no primeiro ano de vida por mais de cinco meses com ausência total de relações objetais promove na criança sintomas progressivos e irreversíveis de deterioração com alto nível de mortalidade. A esse conjunto de sintomas que causam disfunções psíquicas e somáticas, Spitz (2004) denominou hospitalismo.

Como vimos, a criança/adolescente destituída do poder familiar encontra-se em uma espécie de limbo, vivenciando incertezas e dúvidas em relação ao futuro, além das dores de um passado recente. Há de se reconhecer a complexidade inerente à situação, como identifiquei em um recorte: *"[...] dúvidas que ele tem, porque é o medo do novo e isso é legítimo"* (DÁLIA, Assistente Social).

Assim, entendo que o encaminhamento psicológico é fundamental para essas crianças/adolescentes em sofrimento psíquico diante dos diversos lutos a elaborar.

Intervenções no sentido de sensibilizar a criança/adolescente para tornar-se disponível para adotar e ser adotada por uma nova família realizadas pela própria equipe também foram relatadas:

> *A gente coloca pra elas da necessidade de estar em família, de ter uma família.* (ANGÉLICA, Psicóloga).

> *A gente tenta sensibilizar essa criança de que a família é o melhor lugar pra ela, seja ela de origem ou substituta. Aí a gente vai trazendo os conceitos de família, os vários desenhos de família porque já que temos adoções de casais homoafetivos.* (ROSA, Assistente Social).

> *A escuta é a principal delas. Ouvir, estar atento, respeitar, mas oferecer outras possibilidades. Nós trabalhamos por aí.* (MARGARIDA, Pedagoga).

Percebi que há uma tentativa de sensibilização da criança/adolescente utilizando o método diretivo. A intervenção com os profissionais na Casa de Acolhimento situa-se no sentido educativo, enfatizando mais os aspectos cognitivos do que os emocionais. Embora a intervenção diretiva tenha suas limitações quanto à sua efetividade, acredito que oferece à criança/adolescente a oportunidade de se situar no seu contexto de vida. Quero dizer com isso que a violência das paixões experimentadas pela criança/adolescente precisa ser tratada em um dispositivo clínico. Entretanto, aspectos concretos da realidade também devem ser abordados para que seja possível a criança/adolescente se reorganizar emocionalmente em um contexto de tempo: cronológico, jurídico, psíquico; e espaço: físico — residir em Casa de Acolhimento ou residir em uma casa familiar; social — estar institucionalizada ou estar inserida em uma família.

5 CONSIDERAÇÕES E CAMINHOS POSSÍVEIS

O caminho percorrido nesta obra me permitiu ampliar de forma significativa meu olhar sobre a complexidade do processo de adoção. Iniciei a pesquisa a partir de uma questão disparadora: existe preparação gradativa da criança para o ingresso na família adotiva e dos pretendentes à adoção, como preconiza a Lei n.º 12.010 de 2009? No intuito de respondê-la, estabeleci como objetivo geral analisar como acontece a prática de preparação dos pretendentes e da criança institucionalizada para o ingresso na família adotiva, nas cidades de Recife e Olinda, e propor subsídios para se pensar formas de intervenção na preparação dos pretendentes e da criança institucionalizada para adoção, considerando suas demandas e particularidades.

Em vários momentos deste estudo transitei entre os aspectos comuns e aqueles que são da ordem do particular na adoção. Refiro aspectos comuns aqueles que são inerentes à própria condição humana, aquilo que nos torna semelhantes e que diz respeito às nossas necessidades básicas de sobrevivência, de segurança, de amor, de trocas afetivas, de estima, de confiança e de realização pessoal. Do ponto de vista do particular, chamo atenção para o imprescindível de se compreender e considerar a experiência pessoal e singular, ou seja, aquilo que marca a diferença entre os indivíduos. Assim, a análise e discussão dos resultados me possibilitou aproximações importantes que podem servir de subsídios para a construção de um método ou protocolo de preparação, tanto da criança quanto dos pretendentes, ao mesmo tempo que aponta para a importância do estudo de caso levando em consideração as particularidades.

Como percurso para atender ao objetivo geral da pesquisa, busquei especificamente identificar e analisar criticamente os procedimentos adotados na realização do trabalho de preparação de crianças institucionalizadas e disponíveis para adoção, bem como dos pretendentes; compreender o entendimento dos profissionais envolvidos no processo da adoção sobre o significado da preparação de crianças e pretendentes; investigar as dificuldades encontradas nos processos de preparação dos pretendentes e dos adotandos e, por fim, compreender os fenômenos que surgem nos encontros de preparação de pretendentes à adoção nas Varas da Infância e Juventude de Recife e Olinda, no estado de Pernambuco, a fim de identificar demandas que subsidiem propostas de intervenção.

Em respeito ao que preconiza a lei, as duas Casas de Acolhimento, lócus da pesquisa, realizam a preparação da criança e do adolescente para a transição instituição-nova família, em busca da construção de novos vínculos afetivos. De forma unânime, as entrevistadas reconheceram a importância da preparação tanto dos adotandos quanto dos requerentes à adoção. Em relação aos procedimentos adotados no trabalho de preparação da criança/adolescente para o ingresso na família adotiva, constatei que há diferenças entre as práticas das equipes das Casas de Acolhimento, diferindo inclusive dentro da mesma equipe. Não existe uma sistematização do trabalho de preparação, ficando ao encargo de cada profissional abordar o tema que achar necessário. Por não existir um protocolo, ou um referencial técnico-metodológico dos aspectos importantes a serem trabalhados, a preparação ocorre de uma forma inconsistente, correndo o sério risco de se enviesar por questões pessoais, sem fundamentos técnicos. Além disso, a ausência de um método finda por não delimitar as funções específicas dos técnicos em suas especialidades e esse "não lugar" ou "qualquer lugar" desaloja o profissional que, muitas vezes, atua em seu trabalho de forma apenas intuitiva, carecendo de uma sustentação técnica-científica. Isso ficou claro em quase todos os relatos quando as entrevistadas afirmaram que o processo de preparação da criança é insuficiente.

Ainda em relação à preparação da criança/adolescente, o tempo jurídico foi apontado como um grande desafio para o manejo do processo de adoção. O tempo cronológico para a destituição do poder familiar tem efeitos diretos sobre a criança, uma vez que o perfil de filho da maioria dos requerentes se dirige a crianças mais novas. Ademais, o intervalo de tempo entre a destituição do poder familiar e da adoção de crianças menores, por vezes, é curto, e inviabiliza uma preparação psicológica dessa criança, em que se ofereça suporte para a elaboração dos lutos frente às suas experiências de rupturas. Vale ainda ressaltar que no processo de adoção lidamos com três dimensões do tempo completamente distintas e na maioria das vezes dissonantes: tempos cronológico, jurídico e psíquico/subjetivo.

Percebei como uma lacuna importante a falta de articulação entre as equipes técnicas das Casas de Acolhimento e das Varas da Infância. Tenho segurança em afirmar que apenas um trabalho interinstitucional e interdisciplinar é capaz de assegurar o princípio de melhor interesse da criança, maior desafio para todos os profissionais envolvidos e responsáveis por amparar a adoção. Penso que é exatamente essa articulação somada à expertise técnica dos profissionais que possibilita a ponderação entre os três tempos referidos.

As entrevistadas relataram fatos que evidenciam uma lacuna ainda maior nos municípios do interior de Pernambuco. Em alguns casos, nessas localidades crianças/adolescentes são destituídas do poder familiar sem nenhum acompanhamento técnico.

O preparo técnico e a habilidade profissional da equipe para lidar e manejar o processo complexo da adoção e da criança em condição de acolhimento institucional também foi apontado como um grande desafio.

Dentre os aspectos importantes a serem observados na preparação está o desejo por um filho e as expectativas dos adotantes em relação a ele que foram apontados como elementos que exigem atenção dos técnicos. A percepção desses aspectos pela equipe ocorre na fase de aproximação por meio da interação entre adotantes e adotandos. A equipe fica atenta ao conteúdo do diálogo estabelecido entre eles, ao comportamento, expressões físicas e corporais diante do adotando. A aceitação e o respeito à história pregressa do adotando também foram apontados como aspectos relevantes para uma adoção efetiva.

Quanto à compreensão que os profissionais têm a respeito do processo jurídico da adoção, ficou evidente o reconhecimento da importância da atuação da instituição judiciária de forma coparticipativa e integrada com as Casas de Acolhimento, na transição da criança/adolescente para a nova família. Essa importância é conferida em uma perspectiva ampla que envolve a forma da Lei em suas adequações para garantir o direito da criança/adolescente; o exercício da jurisdição do juiz e sua função simbólica e a atuação da equipe técnica das Varas da Infância e Juventude. Os resultados deste estudo apontaram uma carência na articulação entre os profissionais do judiciário e das Casas de Acolhimento e nos chamam atenção para a necessidade urgente de ações que deem suporte a um trabalho interinstitucional, multiprofissional e interdisciplinar entre os responsáveis pela definição e execução de um projeto de vida para a criança/adolescente.

Algumas questões como: idealização do filho; a não aceitação da criança real em algum aspecto; a negação da origem da criança; a insegurança e a desorganização dos sentimentos; a indisponibilidade para exercer a função, entre outros, são obstáculos para o trabalho de filiação, uma vez que comprometem a capacidade de os futuros pais incluírem esse filho real na sua história familiar. As equipes estão atentas a essas questões e, ao perceberem as demandas dos pretendentes que põem em risco uma adoção efetiva, intervêm no processo de adoção em andamento comunicando ao juiz por meio de relatório técnico sua avaliação do caso. Quando as dificuldades são do adotando, geralmente estão relacionadas ao luto não resolvido em relação à família de origem; ao rompimento dos laços afetivos anteriormente construídos, inclusive na instituição de acolhimento; aos sentimentos relacionados a vivências de violência; à experiência de devolução, entre outros. Nesses casos, as equipes respeitam a indisponibilidade da criança/adolescente para adoção naquele momento, informam a Vara e fazem o encaminhamento para psicoterapia como recurso de apoio. Percebi também que há uma tentativa de sensibilização da criança/adolescente utilizando o método diretivo. A intervenção com os profissionais na Casa de Acolhimento ocorre com sentido educativo, enfatizando mais os aspectos cognitivos do que os emocionais. De modo geral, nas práticas de preparação da criança/adolescente, a condução técnica é no sentido pedagógico, de orientação dos aspectos racionais e concretos de uma convivência que está por vir e da conscientização da necessidade de estar inserida no grupo familiar.

No que concerne ao trabalho de preparação dos pretendentes realizado pelas Varas da Infância e Juventude de Olinda e Recife, levantei três categorias de análise que emergiram na fase da exploração do material coletado. Entendo que a proposta de trabalho, o formato do grupo, a programação e o manejo da equipe técnica são variáveis importantes para a compreensão do processo de preparação, bem como do impacto que ele causa nos postulantes.

O enquadramento do trabalho de preparação de pretendentes para adoção realizado pela equipe técnica mostrou-se efetivo para a discussão dos aspectos psicossociais, jurídicos e educativos referentes ao projeto adotivo. De fato, os encontros proporcionam reflexões importantes e pertinentes, principalmente pela oportunidade de contato com pais adotivos que relatam suas experiências. O que, inicialmente, tinha caráter informativo quanto às questões objetivas do projeto, ao trazer à tona os relatos de experiências daqueles que já adotaram, parece que dá uma dimensão do real daquilo que para os pretendentes ainda parece abstrato. É comum uma idealização da família frente à possibilidade da chegada de um filho, por isso os depoimentos de pais adotivos que já efetivaram a adoção e que trazem aspectos da realidade facilitam a desidealização e a desmistificação da adoção. A condução da equipe técnica vai no sentido de estimular a autorreflexão e o autoconhecimento do próprio desejo buscando refletir sobre o lugar de um filho na vida dos pretendentes. Assim, o maior objetivo desses encontros de preparação é sensibilizar os futuros pais para as diversas e complexas questões presentes na filiação, especialmente na filiação adotiva, alertando sobre os conflitos e dificuldades inerentes aos relacionamentos entre pais e filhos. Tenta-se, dessa forma, implicar os pais nessa relação e assegurar que nenhum filho, biológico ou adotivo, atenderá a todas as expectativas, ele não será exatamente como se imagina. Os futuros pais devem estar conscientes de que em algum momento haverá frustrações como em qualquer relação humana e que a paciência e a tolerância são fundamentais na criação de qualquer filho. Isso ficou claro na fala de uma técnica: *"Famílias reais, problemas reais!"*. Cabe, então, administrá-los em busca da sintonia. Queiroz (2004) observou que as dificuldades apresentadas pelos filhos adotivos, por vezes, costumam produzir arrependimento de ter feito a adoção e uma recusa desse filho, muitas vezes, ocorrendo a desistência. De acordo com a coordenadora do Grupo de Apoio à Adoção de Paulista (Gaap), *"a devolução, muitas vezes, é feita sem buscar alternativa de procurar um profissional para dar suporte a essa adaptação"*. Por esse motivo, as equipes técnicas têm o cuidado de avaliar a fase do desenvolvimento em que o adotando se encontra e quais são suas demandas particulares para, a partir dessa avaliação, orientar os pais quanto aos cuidados e apoio necessários.

Yamaoka (2001) descreve bem a atuação dos grupos de preparação à adoção quando afirma que o preparo dos pretendentes envolve a discussão de aspectos psicossociais e jurídicos, culturais, educativos e a reflexão sobre os preconceitos e as discriminações que permeiam o imaginário social. Salienta ainda que sua principal função é a de preparar esses pretendentes para lidar com as questões do processo, da espera, do acolhimento e da construção dos vínculos afetivos que podem levar à integração da criança adotiva na família. É nesse sentido que o juiz da 2ª Vara da Infância e Juventude de Recife, deixou claro que *"esses encontros de preparação não têm a finalidade de atestar o preparo dos pretendentes para serem pais; o que a equipe tem condições de fazer é dizer se estão aptos a entrarem no Cadastro Nacional de Adoção, pois o que de fato deve orientar a adoção é o desejo"*.

Acontece que o desejo é da ordem do inconsciente. Os encontros nas Varas, de caráter educativo, informativo e de orientação acessam o aspecto racional, a dimensão consciente, mas não são suficientes para dar conta dos aspectos subjetivos e emocionais dos pretendentes, ou seja, da complexidade do desejo. Isso se evidenciou na fala de um pai adotivo que prestou seu depoimento no grupo, quando afirmou que *"existem outras questões que vão muito além do processo"*.

O relato de experiência dos pais adotivos é um momento de elaboração tanto para os depoentes quanto para os postulantes. Do ponto de vista dos depoentes, acredito que o relato atualiza a experiência e fortalece o vínculo parental à medida que, ao falar sobre o filho, os pais apropriam-se ainda mais dele, da sua história, da relação estabelecida e do afeto. Apropriar-se no sentido de tomar para si aquele filho e fortalecer o sentimento de pertença. No que se refere aos pretendentes, escutar os relatos de adoções bem-sucedidas, além de renovar a esperança de um sonho possível, confronta-os com aspectos da realidade que ajudam na desconstrução de fantasias, mitos, receios. Entendo que, ao escutar as dificuldades que outras famílias enfrentaram durante o processo de adaptação, antes de encontrar a homeostase, os futuros pais vão amadurecendo seus mecanismos de enfrentamento para as dificuldades que possam encontrar. A meu ver, esses relatos trazem contribuições inestimáveis ao passo que suscitam questões e demandas que podem transformar significativamente o protocolo e/ou fluxograma da adoção, beneficiando as crianças disponíveis no Sistema Nacional de Adoção e Acolhimento (SNA), especialmente àquelas que fogem ao perfil com maior demanda por adoção, bem como os futuros pais adotivos que se sentem mais seguros em seus projetos. Isso ficou claro quando vários pretendentes decidiram modificar o perfil da criança após escutarem os depoimentos, sugerindo, inclusive, mudança no protocolo do cadastro.

No que se refere às *questões suscitadas nos pretendentes diante da experiência do encontro de preparação,* observei que algumas dúvidas foram expostas em relação aos aspectos legais da adoção, sobretudo quanto ao tempo de espera no SNA. Entretanto, o que provocou maior inquietação no grupo foram as questões referentes ao perfil da criança, às fantasias que permeiam o projeto adotivo, às dificuldades que podem surgir no processo de adaptação e, de modo especial, à família de origem.

Compreendo que todo esforço das equipes, que buscam a melhor forma possível para contribuir para o sucesso da adoção, é no sentido de provocar reflexões quanto ao desejo e aos limites do projeto adotivo. É uma provocação que convoca o requerente a pensar e amadurecer sua proposta. Em outras palavras, é pensar o lugar desse filho no planejamento familiar e se questionar se existe de fato o desejo ou a necessidade de um filho. Acredito que identificar essa dinâmica e facilitar o amadurecimento do projeto adotivo se constitui o grande desafio para as equipes responsáveis pela preparação dos pretendentes para a adoção.

Este estudo se mostra relevante no sentido de atentar para a importância de uma fase crucial na formação dos vínculos familiares no processo de adoção. Mais especificamente, aponta ainda fissuras no processo de preparação para adoção irrompendo a necessidade de ajustes nos dois processos de preparação: dos requerentes à adoção e da criança/adolescente "disponível" à adoção. Apresentei ainda como objetivo geral propor subsídios para se pensar formas de intervenção nos dois processos de preparação. Nessa direção sugiro aqui alguns pontos para serem aprofundados e propostos posteriormente em uma metodologia de trabalho protocolada, mas submetida, também, à constante reavaliação.

Uma questão de extrema importância social e de tamanha complexidade exige um debruçamento de pesquisadores e estudiosos que apontem meios de garantir o que é de direito da criança: viver com dignidade e proteção no seio de uma família. Defendo que o processo de preparação deve se iniciar logo após a destituição do poder familiar. A criança/adolescente deve ser imediatamente informada dessa nova condição e seus sentimentos amparados.

Um protocolo discutido e estudado pela equipe objetivando a consonância seria a referência para o trabalho. Minha proposta é que essa preparação seja sistematizada com diálogos sobre temas específicos visando a uma avaliação dos aspectos psicológicos importantes. Os temas sugeridos serão disparadores de narrativas que estarão impregnadas de sentido e sentimentos. Esse é o material a ser trabalhado na preparação. O que surge dessa narrativa. Dessa forma, trata-se de uma escuta clínica.

A preparação deve ser conduzida pela equipe técnica composta pelo psicólogo com a especificidade da escuta; pelo assistente social que, em articulação com a rede, busca materializar os serviços necessários e de direitos sociais da criança/adolescente como saúde, educação, lazer, cultura, esporte, entre outros; e pelo pedagogo que a partir de uma postura empática promoveria experiências que conduzissem o processo de aprendizagem em relação ao novo contexto da criança/adolescente de forma lúdica e criativa.

Defendo a necessidade de se escutar quais são as expectativas da criança/adolescente, seus lutos, angústias, receios, que família idealizou, para assim fazer uma aproximação com o real. A escuta possibilita ter uma dimensão do sofrimento da criança/adolescente em relação àquela situação e a partir desse diagnóstico estabelecer um plano de acompanhamento singularizado de forma multi e interdisciplinar, inclusive com encaminhamentos para a rede de apoio quando necessários.

Quando surgir a nova família e o processo de adoção for iniciado, a aproximação adotantes-adotando deve ser monitorada e supervisionada pela equipe técnica e pelo cuidador responsável. Durante a fase de aproximação é imprescindível obter o feedback da criança, perceber como ela está sendo afetada por aquela experiência. Entendo a necessidade de ir monitorando essa aproximação e manejando as dificuldades, no entanto, após a equipe perceber o fortalecimento do vínculo, deve encorajar a nova família a ir manejando sua adaptação, buscando ajuda, se necessária. Nessa lógica, a equipe precisa ser suficientemente boa, no sentido de respeitar o ritmo de cada família para se adaptar, bem como facilitar essa adaptação sem ser invasiva e sem tolher seu potencial criativo.

Em relação à preparação dos pretendentes, também defendo uma sistematização do processo. No meu entendimento, o tempo de preparação estabelecido em lei, ou seja, doze horas, é insuficiente para um processo de tamanha complexidade. Minha sugestão é que a partir de um cronograma que contemple conteúdos importantes e de fundamental necessidade de acesso para a família adotiva, esse tempo jurídico de preparação seja repensado. Os encontros seriam planejados a partir de eixos temáticos com mais ênfase nas questões sobre a construção de vínculos em detrimento das questões informativas sobre o processo de adoção. É evidente que as questões objetivas são importantes e são geradoras de ansiedade nos pretendentes, entretanto, os fatores que envolvem riscos ao projeto adotivo são subjetivos e por isso precisam ser trabalhados com maior ênfase e estruturação metodológica.

A discussão dos eixos temáticos de extrema relevância para o processo de adoção suscitaria narrativas que facilitariam à equipe técnica identificar questões a serem aprofundadas e trabalhadas de forma particular com os pretendentes no processo de habilitação e/ou realizar os encaminhamentos necessários visando fortalecer esses futuros pais em suas funções. A preparação, nessa perspectiva, não teria apenas o objetivo de efetivar a adoção. Seria uma possibilidade também de os pretendentes avaliarem o seu próprio desejo e se esse está em consonância com as condições de se filiar por adoção. Ou seja, a partir do contato com as questões inerentes à filiação por adoção os pretendentes seriam convocados a se autoavaliar frente ao seu projeto adotivo.

Entendo que o trabalho técnico, seja nas Varas da Infância e Juventude ou nas Casas de Acolhimento, é um trabalho de holding em que a equipe vai oferecer suporte e sustentação ao projeto adotivo. Em última análise, as equipes multidisciplinares e interinstitucionais estão implicadas no processo de "nascimento" do filho na família adotiva. São elas quem facilitam os estágios iniciais do desenvolvimento dessa nova família, manejando, acolhendo o desejo e dando contorno a ele.

Este estudo reafirmou a alta complexidade do processo de adoção. Não é por acaso que as crianças e adolescentes destituídas do poder familiar estão inseridas nos Serviços de Proteção Especial de Alta Complexidade previsto no Sistema Único de Assistência Social (Suas). Estou convencida que diante da complexidade do desejo, das relações vinculares, e da presença muitas vezes do imponderável, nenhum processo de preparação nem metodologia de trabalho é capaz de garantir a adoção psíquica mútua nas relações de filiação e parentalização. Entretanto, estou certa de que um trabalho cuidadoso nesse sentido minimiza os riscos de fracasso do projeto adotivo e de devolução, após o estágio de convivência, e facilita a construção dos vínculos, uma vez que oferece a oportunidade de elaboração e ressignificação de experiências e desejos.

Por fim, os resultados obtidos na pesquisa evidenciam ainda mais a necessidade de nos debruçarmos e aprofundarmos os estudos sobre esse processo multifacetado e dinâmico que é a adoção, buscando o diálogo e interação consonantes entre os saberes jurídicos e psicossociais, em direção ao melhor interesse da criança e do adolescente.

REFERÊNCIAS

ALBUQUERQUE, C.; RIBEIRO, P. A adoção e a preparação para a filiação adotiva em Recife: o olhar da psicologia. *In*: DIAS, C. B.; MOREIRA, L. V. (org.). **Adoção, família e institucionalização**: Interfaces psicossociais e jurídicas. Curitiba: Editora CRV, 2018. v. 6, p. 63-77.

ALVARENGA, L. L. **Adotabilidade x inadotabilidade**. Que questão é esta. A Clínica da Adoção. Recife: Ed. Universitária da UFPE, 2012.

ANDOLFI, M. **Terapia Familiar**. Lisboa: Vega Universidade, 2010.

ANDREI, D. Reflexões sobre a adoção tardia. *In*: FREIRE, F. (org.). **Abandono e adoção**: contribuições para uma cultura da adoção III. Curitiba: Terra dos Homens, 2001. p. 91-97.

ARIÈS, P. **História social da criança e da família**. Rio de Janeiro: Zahar, 1981.

AULAGNIER, P. Nascimento de um corpo, origem de uma história. **Revista latinoamericana de Psicopatologia Fundamental**, São Paulo, v. 2, n. 3, p. 9-45, 1999.

AZAMBUJA, M. R. F. Breve revisão da adoção sob a perspectiva da doutrina da proteção integral e do novo código civil. **Revista do Ministério Público do Rio Grande do Sul**, Porto Alegre, n. 49, p. 275-289, 2003.

BERNARDINO, L. M. F. A abordagem psicanalítica do desenvolvimento infantil e suas vicissitudes. **O que a psicanálise pode ensinar sobre a criança, sujeito em constituição**. São Paulo: Escuta, 2006. p. 19-41.

BERNAT, A. B. Impasses na adoção: o que nos ensinam sobre a filiação. *In*: BEATRICE, P. (org.). **Psicologia na prática jurídica**. São Paulo: Saraiva, 2012.

BESSET, V. L.; SILVA, G. D. Filiação e herança subjetiva: sobre o desejo e a transmissão. *In*: QUEIROZ, E.; PASSOS (org.). **A clínica da adoção**. Recife: Editora Universitária da UFPE, 2012.

BIBLIA, A. T. Êxodo. Português. *In*: **BÍBLIA Sagrada**. Reed. Versão de Antonio Pereira de Figueiredo. São Paulo: Ed. Das Americas, cap. 2.1, vers. 10.

BONNET, C. O abandono ao nascer: Uma outra perspectiva. Tradução de Maria Antonieta Pisano Motta (on-line). **Adoção Páginas Brasileiras**. 1991.

BOWLBY, J. **Formação e rompimento dos laços afetivos**. São Paulo: Martins Fontes, 2001.

BOWLBY, J. **Cuidados maternos e saúde mental**. São Paulo: Martins Fontes, 2002.

BRADT, M. D. Tornando-se pais: famílias com filhos pequenos. *In*: CARTER, B.; MCGOLDRICH, M. (org.). **As mudanças no ciclo de vida familiar**: uma estrutura para terapia familiar. Porto Alegre: Artes Médicas, 1995.

BRASIL. Conselho Nacional de Justiça. Resolução N.º 175, de 14 de maio de 2013. Dispõe sobre a habilitação, celebração de casamento civil, ou de conversão de união estável em casamento, entre pessoas de mesmo sexo. Disponível em: http://www.cnj.jus.br/busca-atos-adm?documento=2504. Acesso em: 3 jun. 2019.

BRASIL. Conselho Nacional de Justiça. Resolução N.º 289, de 14 de agosto de 2019. Dispõe sobre a implantação e funcionamento do Sistema Nacional de Adoção e Acolhimento – SNA e dá outras providências. Disponível em: https://atos.cnj.jus.br/atos/detalhar/2976. Acesso em: 3 jun. 2019.

BRASIL. **Lei Federal n.º 8.069**, de 13 de julho de 1990. Estatuto da criança e do adolescente (ECA). Governo Estadual de Pernambuco, Conselho Estadual de Defesa dos Direitos da Criança e do Adolescente – CEDCA-PE, Caderno n. 1, Recife, 2001.

BRASIL. **Lei n.º 12.010**, de 3 de agosto de 2009. Dispõe sobre adoção; altera as Leis n.ºs 8.069, de 13 de julho de 1990 - Estatuto da Criança e do Adolescente, 8.560, de 29 de dezembro de 1992; revoga dispositivos da Lei n.º 10.406, de 10 de janeiro de 2002 - Código Civil, e da Consolidação das Leis do Trabalho - CLT, aprovada pelo Decreto-Lei nº 5.452, de 1º de maio de 1943; e dá outras providências. Brasília, 2009. Disponível em: http://www.planalto.gov.br/ccivil_03/_ato2007-2010/2009/lei/l12010.htm. Acesso em: 14 jan. 2019.

BRASIL. **Lei n.º 3.071**, de 1º de janeiro de 1916. Disponível em: http://www.planalto.gov.br/ccivil_03/leis/l3071.htm. Acesso em: 10 maio 2015.

BRASIL. **Lei n.º 4.655**, de 2 de junho de 1965. Dispõe sobre a legitimidade adotiva. Disponível em: http://www.planalto.gov.br/ccivil_03/leis/1950-1969/L4655.htm. Acesso em: 10 maio 2015

BRASIL. **Lei n.º 6.697**, de 10 de outubro de 1979. Institui o Código de Menores. Disponível em: http://www.planalto.gov.br/ccivil_03/leis/1970-1979/L6697.htm. Acesso em: 10 maio 2015.

BRASIL. **Lei n.º 10.406**, de 10 de janeiro de 2002. Institui o Código Civil. Disponível em: http://www.planalto.gov.br/ccivil_03/leis/2002/l10406.htm. Acesso em: 28 maio 2019.

BRASIL. **Lei n.º 13.509**, de 22 de novembro de 2017. Dispõe sobre adoção e altera a Lei n.º 8.069, de 13 de julho de 1990 (Estatuto da Criança e do Adolescente), a Consolidação das Leis do Trabalho (CLT), aprovada pelo Decreto-Lei n.º 5.452, de 1º de maio de 1943, e a Lei n.º 10.406, de 10 de janeiro de 2002 (Código Civil). Disponível em: http://www.planalto.gov.br/ccivil_03/_Ato2015-2018/2017/Lei/L13509.htm. Acesso em: 24 out. 2019.

CONSELHO NACIONAL DE JUSTIÇA. CADASTRO NACIONAL DE ADOÇÃO – CNA, 2019. Disponível em: https://www.cnj.jus.br/cnanovo/pages/publico/index.jsf. Acesso em: 20 out. 2019.

CONSELHO NACIONAL DE JUSTIÇA. "Sistema Nacional de Adoção e Acolhimento: visão integral sobre a infância". CNJ, 2019. Disponível em: https://www.cnj.jus.br/sistema-nacional-de-adocao-e-acolhimento-visao-integral-sobre-a-infancia/. Acesso em: 20 out. 2019.

CONSTITUIÇÃO DA REPÚBLICA FEDERATIVA DO BRASIL DE 1988. Disponível em: http://www.planalto.gov.br/ccivil_03/constituicao/constituicaocompilado.htm. Acesso em: 27 jul. 2019.

CONTENTE, S. R.; CAVALCANTE, L. I. C.; SILVA, S. S. C. Adoção e preparação infantil na percepção dos profissionais do juizado da infância e juventude de Belém/PA. **Temas em Psicologia**, Ribeirão Preto, v. 21, n. 2, p. 317-333, 2013.

DIAS, C. B. A importância da família extensa na adoção. *In*: SCHETTINI FILHO, L.; SCHETTINI, S. M. (org.). **Adoção**: os vários lados dessa história. Recife: Bagaço, 2006. p. 173-193.

DINIZ, J. S. Aspectos sociais e psicológicos da adoção. *In*: FREIRE, F. (org.). **Abandono e adoção**: Contribuições para uma cultura da adoção, II. Curitiba: Terre des Hommes, 1994. p. 337-337.

DOLTO, F.; HAMAD, N. **Destinos de crianças**: adoção, famílias, trabalho social. São Paulo: Martins Fontes, 1998.

DOLTO, F. **Seminário de psicanálise de crianças**. São Paulo: Martins Fontes, 2013.

DOUVILLE, O. A adolescência, a errância e a invenção do laço. **Jornada do Laboratório de Psicopathologia Fundamental e Psicanálise da UNICAP**: Adolescência e Responsabilidade, Recife, Pernambuco, Brasil, 2015.

EIGUER, A. **Um divã para a família**: Do modelo grupal à terapia familiar psicanalítica. Porto Alegre: Artes Médicas, 1985.

EIGUER, A. Se recconnaître dans la filiation. *In*: EIGUER, A. **Le Divan Familial**: La Reconnaissance dans les liens familiaux. Paris: Éditions Press, 2008. p. 11-12. n. 20.

EIGUER, A. Filiação e Adoção: reflexões cruzadas. *In*: QUEIROZ, E.; PASSOS, C. (org.). **A clínica da adoção**. Recife: Editora Universitária da UFPE, 2012.

Exortação Apostólica *Familiaris Consortio* de sua Santidade **João Paulo II** ao episcopado ao clero e aos fiéis de toda a igreja católica sobre a função da família cristã no mundo de hoje, dado em Roma, junto de São Pedro, no dia 22 de Novembro de 1981, Solenidade de N. S. Jesus Cristo Rei do Universo, quarto ano do Pontificado. Disponível em: http://w2.vatican.va/content/john-paul-ii/pt/apost_exhortations/documents/hf_jp-ii_exh_19811122_familiaris-consortio.html. Acesso em: 31 maio 2019.

FERENCZI, S. **Psicanálise IV**: Obras completas. São Paulo: Martins Fontes, 2011.

FERREIRA, A. **Minidicionário da língua portuguesa**. 3. ed. Rio de Janeiro: Nova Fronteira, 1999.

FIGUEIREDO, L. C. A metapsicologia do cuidado. *In*: FIGUEIREDO, L. C. (org.). **As diversas faces do cuidar**: novos ensaios de psicanálise contemporânea. São Paulo: Escuta, 2009. p. 131-151.

FIGUEIREDO, L. C. B. **Comentários à Nova Lei Nacional da Adoção**. Lei 12.010 de 2009. Curitiba: Juruá, 2010.

FONSECA, C. Ser mulher, mãe e pobre. *In*: DEL PRIORE, M. (org.). **História das mulheres no Brasil**. São Paulo: Contexto, 2004. p. 510-553.

FREIRE, G. **Casa Grande & Senzala**: formação da família brasileira sob o regime da economia patriarcal. Rio de Janeiro: José Olímpio, 1981.

GUIMARÃES, B. Breve cartografia dos acolhimentos de Pernambuco: instituições, cuidados e proteção. *In*: GUIMARÃES, B. (org.). **Acolhimento em Pernambuco**: A situação de crianças e adolescentes sob medida protetiva. Recife: Instituto Pró-Cidadania, 2011. p. 18-123.

HAMAD, N. **A criança adotiva e suas famílias**. Rio de Janeiro: Companhia de Freud, 2002.

HOFFMANN, C. A ética da responsabilidade à adolescência. **Jornada do Laboratório de Psicopathologia Fundamental e Psicanálise da UNICAP**: Adolescência e Responsabilidade, Recife, Pernambuco, Brasil, 2015.

HOLANDA, S. B. **Raízes do Brasil**. Rio de Janeiro: José Olímpio, 1989.

INSTRUÇÃO NORMATIVA CONJUNTA de n.º 001/2013 do Tribunal de Justiça de Pernambuco. Disponível em: em http://www.tjpe.jus.br. Acesso em: 31 maio 2019.

KAËS, R. Filiação e afiliação: alguns aspectos da reelaboração do romance familiar nas famílias adotivas, nos grupos e nas instituições. *In*: TRINDADE-SALAVERT, I. (org.). **Os novos desafios da adoção**: interações psíquicas, familiares e sociais. Rio de Janeiro: Companhia de Freud, 2010. p. 163-182.

LADVOCAT, C. Campo clínico da prevenção na adoção. *In*: LADVOCAT, C.; DIUANA, S. (org.). **Guia de adoção**: no jurídico, no social, no psicológico e na família. São Paulo: Roca, 2014. p. 149-157.

LACAN, J. **Escritos**. Rio de Janeiro: Jorge Zahar, 1998.

LAKATOS, E.; MARCONI, M. **Fundamentos de metodologia científica**. 3. ed. São Paulo: Atlas, 1993.

LEGENDRE, P. **Filiation**. Fondement généalogique de la psycanalyse. Paris: Fayard, 1990.

LEVINZON, G. K. **Adoção**: Clínica Psicanalítica. 3. ed. São Paulo: Casa do Psicólogo, 2013.

LEVINZON, G. K. **Adoção**: Clínica Psicanalítica. São Paulo: Casa do Psicólogo, 2004.

LEVINZON, G. K. **Tornando-se pais**: A adoção em todos os seus passos. São Paulo: Casa do Psicólogo, 2015.

LÉVY-SOUSSAN, P. Trabalho de filiação e adoção. *In*: TRINDADE-SALAVERT, I. (org.). **Os novos desafios da adoção**: interações psíquicas, familiares e sociais. Rio de Janeiro: Companhia de Freud, 2010. p. 45-79.

LÉVY-SOUSSAN, P. **Destins de l´adoption**. Paris: Fayard, 2010.

LEVY, L.; GOMES, I. C. Grupos de preparação à adoção: dos pretendentes às crianças. *In*: FÉRES-CARNEIRO, T. (org.). **Casal e família**: teoria, pesquisa e clínica. Rio de Janeiro: PUC-Rio/Prospectiva, 2017. p. 157-173.

MALDONADO, M. T.; DICKSTEIN, J. **Nós estamos grávidos**. São Paulo: Integrare Editora, 2015.

MACHADO, R. N.; FÉRES-CARNEIRO, T.; MAGALHÃES, A. S. Parentalidade adotiva: contextualizando a escolha. **Psico**, Porto Alegre, v. 46, n. 4, p. 442-451, 2015.

MACHADO, R. N. *et al*. Constituição da parentalidade adotiva: Vivências afetivas e sociais no processo de reconhecer-se mãe. *In:* FÉRES-CARNEIRO, T. (org.). **Casal e família**: teoria, pesquisa e clínica. Rio de Janeiro: Editora PUC RIO, 2017. p. 175-190.

MCGOLDRICK, M. A união das famílias através do casamento: o novo casal. *In:* CARTR, B.; MCGOLDRICK, M. (org.). **As mudanças no ciclo de vida familiar**. Porto Alegre: Artmed, 2015. p. 184-205, 1995.

MACÊDO, L. L. A escuta psicanalítica nos casos de adoção: entre o pedido, a deanda e o desejo. *In*: TEIXEIRA, L. C.; RODRIGUES, S. W. D. M. (org.). **A psicanálise nas searas da universidade, do direito, da arte e da literatura**. Curitiba: Editora CRV, 2015. p. 92-99.

MAHFOUD, M. Desejo e memória como recurso: elaboração da experiência de adoção por Saroo, o Lion. *In:* DIAS, C. B.; MOREIRA, L. V. (org.). **Adoção, família e institucionalização**: Interfaces psicossociais e jurídicas. Curitiba: Editora CRV, 2018. v. 6, p. 97-112.

MENDES, E. B. **A adoção de crianças e adolescentes**. Um passo para a felicidade permitida. A clínica da adoção. Recife: Ed. Universitária da UFPE, 2012. p. 185-205.

MENEZES, K. F. F. L. *et al*. **Discurso de mães doadoras**: motivos e sentimentos subjacentes à doação. 2007. Dissertação de Mestrado – Programa de Pós-Graduação em Psicologia Clínica, Universidade Católica de Pernambuco, Recife, Pernambuco, 2007. Disponível em: http://tede2.unicap.br:8080/bitstream/tede/260/1/Karla%20Fabiana_confrontado.pdf. Acesso em: 14 mar. 2018.

MENEZES, K. L.; DIAS, C. M. S. B. Mães doadoras: motivos e sentimentos subjacentes à doação. **Revista Mal Estar e Subjetividade**, Fortaleza, v. 11, n. 3, p. 935-965, 2011.

MENEZES, K. F. L.; DIAS, M. C. S. B. Adoção: a construção de uma nova família. *In:* DIAS, C.; MOREIRA, L. (org.). **Adoção, família e institucionalização: interfaces psicossociais e jurídicas**. Curitiba: CRV, 2018. p. 21-39.

MINAYO, M. C. S. **Pesquisa social**: teoria, método e criatividade. 17. ed. Petrópolis: Vozes, 2000.

MINAYO, M. C. S. **O desafio do conhecimento pesquisa qualitativa em saúde**. São Paulo: Hucitec, 2010.

MORELLI, A. B.; SCORSOLINI-COMIN, F.; SANTEIRO, T. V. O "lugar" do filho adotivo na dinâmica parental: revisão integrativa de literatura. **Psicologia Clínica**, Rio de Janeiro, v. 27, n. 1, p. 175-194, 2015.

MOZZI, G.; NUERNBERG, A. H. Adoção de Crianças com Discapacidad: Un Estudio de los Padres y Madres Adoptivos. **Paidéia**, Ribeirão Preto, v. 26, n. 63, p. 101-109, 2016.

MUNIZ, F. M.; DIAS, C. B. A devolução de crianças na adoção tardia: a perspectiva das mães. *In*: DIAS, C. B.; MOREIRA, L. V. (org.). **Adoção, família e institucionalização**: Interfaces psicossociais e jurídicas. Curitiba: Editora CRV, 2018. v. 6, p. 333-358.

OLIVEIRA, P. A. B. A.; SOUTO, J. B.; SILVA, E. G. Adoção e psicanálise: a escuta do desejo de filiação. **Psicologia**: Ciência e Profissão, Brasília, v. 37, n. 4, p. 909-922, 2017.

OSÓRIO, L. C. **Psicologia grupal**: uma nova disciplina para o advento de uma era. Porto Alegre: Artmed , 2012.

PAIVA, L. D. Escuta e preparação da Criança para construção de uma nova família na Adoção internacional. **Guia da adoção**: No jurídico, no social, no psicológico e na família. São Paulo, 2014, p. 331-341.

PHILLIPS, A. **Winnicott**. Aparecida: Ideias e Letras, 2006.

PICHON-RIVIÈRE, E. **O processo grupal**. São Paulo: Martins Fontes, 1998.

QUEIROZ, E. O "estranho" filho adotivo. **Revista Latinoamericana de Psicopatologia Fundamental**, São Paulo, v. 7, n. 4, p. 100-111, 2004.

QUEIROZ, E. F.; PASSOS, M. C. **A clínica da adoção**. Recife: Ed. Univ. UFPE, 2012.

QUEIROZ, E. F.; SPECK, S. O sofrimento psíquico nos casos de devolução de crianças adotadas. CONGRESSO BRASILEIRO DE PSICOPATOLOGIA FUNDAMENTAL, 7., Pathos e Saúde, Belo Horizonte. **Anais** [...]. Belo Horizonte, 2014.

SCHETTINI, L. F. **Compreendendo os pais adotivos**. Recife: Bagaço, 1998.

SCHETTINI FILHO, L. **Adoção**: origem, segredo e revelação. Recife: Bagaço, 1999.

SCHETTINI FILHO, L. As dores da adoção: possibilidades de superação. *In*: LADVOCAT, C.; DIUANA, S. **Guia de Adoção:** no Jurídico, no Psicológico e na Família, São Paulo, v. 1, 2014.

SCHETTINI, S. S. M.; AMAZONAS, M. C. L. A.; DIAS, C. M. S. B. Adoptive families: identity and difference. **Psicologia em Estudo**, Maringá, v. 11, n. 2, p. 285-293, 2006.

SEQUEIRA, V. C.; STELLA, C. Preparação para a adoção: grupo de apoio para candidatos. **Psicologia**: teoria e prática, São Paulo, v. 16, n. 1, p. 69-78, 2014.

SILVA, E. M. As demandas de adoção e a escuta psicanalítica no judiciário. *In*: QUEIROZ, E.; PASSOS (org.). **A clínica da adoção**. Recife: Editora Universitária da UFPE, 2012. p. 207-218.

SILVA, E. M.; QUEIROZ, E. Criança fetichizada nas experiências de *devolução* na adoção. *In*: TEIXEIRA, L. C.; RODRIGUES, S. W. D. M. (org.). **A psicanálise nas searas da universidade, do direito, da arte e da literatura**. Curitiba: Editora CRV, 2015. p. 113-119.

SILVA, E. M.; QUEIROZ, E. A escuta psicológica das demandas de filho por adoção e o campo judiciário. *In*: DIAS, C. B.; MOREIRA, L. V. (org.). **Adoção, família e institucionalização:** Interfaces psicossociais e jurídicas. Curitiba: Editora CRV, 2018. p. 133-159. v. 6.

SILVA, P. S. *et al*. A equipe psicossocial na colocação da criança nos processos de adoção. **Psicologia**: ciência e profissão, Brasília, v. 37, n. 3, p. 608-623, 2017.

SOUZA, A. M. **A família e seu espaço**: Uma proposta de terapia familiar. Rio de Janeiro: Agir, 1997.

SPECK, S.; QUEIROZ, E. O processo de filiação na adoção de crianças maiores. *In*: COSTA, I. (coord.). **A criança e o adolescente no século XXI**. Salvador: Espaço Moebius, 2013. p. 55-67, n. 13.

SPECK, S.; QUEIROZ, E. Devolução na adoção: duplo abandono. *In*: QUEIROZ, E.; SILVA, E. (org.). **Adoção, filiação e práxis**. Curitiba: Editora CRV, 2013. p. 100-119.

SPITZ, R. **O primeiro ano de vida**. São Paulo: Martins Fontes, 2004.

TENDRON, F.; VALLÉE, F. La quête des origines chez l'enfant adopté: une étape nécessaire pour sa construction psychique. **L'Information Psychiatrique**, Paris, v. 83, n. 5, p. 383-387, 2007.

TRINDADE-SALAVERT, I. Estudo de caso. *In*: TRINDADE-SALAVERT, I. (org.). **Os novos desafios da adoção**: interações psíquicas, familiares e sociais. Rio de Janeiro: Companhia de Freud, 2010. p. 149-162.

TURATO, E. R. **Tratado da metodologia da pesquisa clínico-qualitativa**: construção teórico-epistemológica, discussão comparada e aplicação nas áreas da saúde e humanas. 6. ed. Petrópolis: Editora Vozes, 2018.

UZIEL, A. P. A preparação da criança: adotabilidade psíquica, harmonização com o outro – determinadas crianças para determinados adultos. *In*: QUEIROZ, E.; PASSOS, C. (org.). **A clínica da adoção**. Recife: Editora Universitária da UFPE, 2012.

VARGAS, M. Da família sonhada à família possível: A necessidade de preparação para a adoção. *In*: FREIRE, F. (org.). **Abandono e adoção**: contribuições para uma cultura da adoção III. Curitiba: Terra dos Homens. 2001. p. 99-104.

VENÂNCIO, R. P. Maternidade Negada. *In*: DEL PRIORE, M. (org.). **História das Mulheres no Brasil**. 2. ed. São Paulo: Contexto, 1997. p. 189-222.

VIOLANTE, M. L. **A criança mal-amada**: estudo sobre a potencialidade melancólica. Petrópolis: Vozes, 1995.

WEBER, L. **Aspectos psicológicos da adoção**. Curitiba: Juruá, 1999.

WEBER, L. **Pais e filhos por adoção no Brasil**: Características, expectativas e sentimentos. Curitiba: Juruá, 2010.

WINNICOTT, D. **O brincar e a realidade**. Rio de Janeiro: Imago, 1975.

WINNICOTT, D. W. A adolescência das crianças adotadas. **Pensando sobre crianças**, 1997. p. 131-140.

WINNICOTT, D. **Da pediatria à psicanálise**: obras escolhidas. Rio de Janeiro: Imago, 2000.

WINNICOTT, D. **Os bebês e suas mães**. São Paulo: Martins Fontes, 2002.

WINNICOTT, D. **A família e o desenvolvimento individual**. São Paulo: Martins Fontes, 2005.

WINNICOTT, D. **O ambiente e os processos de maturação**: estudos sobre a teoria do desenvolvimento emocional. Porto Alegre: Artmed, 2007.

ZANETTI, S. S.; OLIVEIRA, R. R.; GOMES, I. C. Concepções diferenciadas de família no processo de avaliação de pretendentes à adoção. **Semina**: ciências sociais e humanas, Londrina, v. 34, n. 1, p. 17-30, 2013.

ZORNIG, S. A.; LEVY, L. Uma criança em busca de uma janela: função materna e trauma. **Estilos da clínica**, São Paulo, v. 11, n. 20, p. 28-37, 2006.

ZORNIG, S. M. A. Tornar-se pai, tornar-se mãe: o processo de construção da parentalidade. **Tempo psicanalítico**, Rio de Janeiro, v. 42, n. 2, p. 453-470, 2010.